스쿼트 바이블
The Squat Bible

스쿼트 바이블
The Squat Bible

당신의 진정한 힘을 찾기 위한
궁극의 스쿼트 가이드북

아론 호식 박사, 케빈 손타나 박사, 트레비스 네프 지음

박현진 감수

백재현 옮김

 대성의학사

역자 서문

최근 유행하는 스트렝스 훈련의 붐은 대한민국에 이런 적이 있었던가 싶을 정도입니다. 과거 벌크업과 커팅, 저중량 고반복을 외치던 시대정신이 어느 새 내추럴은 '고중량!'을 외치고, 일반인들의 입에서 너무나도 쉽게 3대 500이라는 말이 나오는 시대가 되었습니다. 초창기 삽짐에서나 나오던 마니악한 훈련방식이 이렇게나 커지다니, 정말 오래 살고 볼 일입니다.

그러나 최근의 스트렝스 붐에는 필연적으로, 이 책을 집으신 분이라면 모두가 공감하실 문제점이 따라옵니다. 저 역시 여기에서 자유롭지 못합니다. 과연 중고등학교 내내 책상에만 앉아 있었고, 그 뒤에도 책상에서 컴퓨터를 보면서 일하는 현대인이 과연 정말로 스트렝스 & 컨디셔닝, 펑셔널 트레이닝 운동을 할 수 있는 기초가 갖추어져 있을까요? 우리는 충분한 가동범위가 확보되어 있으며, 지금 당장 트레이닝을 시작해도 되는 걸까요? 유튜브를 필두로 하는 수많은 정보에도 불구하고, 어째서 우리 주위에는 무릎과 허리가 아픈 사람이 이렇게나 많고, 다들 스쿼트를 얘기하면서 정작 내 벗윙크 하나 해결해주는 사람은 아무도 없는 걸까요?

개인 트레이닝을 받아도 정말 이게 맞는 것인지 확신이 없고, 그렇다고 괜찮은 코치님들을 찾아가거나 체계적으로 많은 시간을 들여 공부를 할 수도 없는 입장에서, 저는 이 책이야말로 초심자, 아니 중급자까지도 어렵지 않고 쉽게 본인의 문제를 스스로 점검하고 수정할 수 있는, 반드시 읽어봐야 하는 교과서와 같은 책이라고 생각합니다.

제가 이 책을 보자마자 들었던 생각은, 10년 전에 이 책이 있었더라면 분명 저 역시 지나간 삽질들을 덜하고 시간낭비를 줄일 수 있었을 것이었다는 생각이었습니다. 저는 늦었지만 적어도 제 뒤에 오실 분들만큼은 부디 이 책을 통해 본인의 문제를 사전에 해결하면서도 다치지 않고 시간낭비 없이 운동하셨으면, 그러면 저로서는 더 이상 바랄 것이 없을 것 같습니다.

처음부터 끝까지 옆에서 힘이 되어주었던 조혜은, 감수를 맡아주신 박현진 선생님, 이 책의 번역 기회를 주신 대성의학사, 장주익 선생님, 한양대 기계과 강승민 씨, 리프터 윤동현 군에게 감사의 말을 전합니다. 그리고 이 책을 집어든 모든 분들이 항상 다치지 않고, 오래오래 강건(剛健)하시기 바랍니다.

Happy Squatting!

2021년 초
백재현

머리말

나는 자주 데자뷰를 겪는다. 사람들이 이렇게 저렇게 움직일 때마다 무릎이나 등이 이렇게 저렇게 아프다며 본인이 겪는 고통을 설명한다. 나한테 올 때쯤이면 보통 인터넷에서 찾아볼 수 있는 온갖 자가치료법들은 이미 질릴 정도로 해본 상태다. 얼음목욕, 진통제, 전기자극 등…. 운동하는 사람들은 운동 퍼포먼스를 유지하기 위해서라면 뭐든지 하려고 든다.

결국 내가 다음의 질문을 하게 되는 순간이 온다. "좋아요. 스쿼트를 어떻게 하는지 한 번 봅시다." 그 전까지는 쉴 새 없이 떠들던 사람들이 이 순간 말을 멈춘다. 뭔가 과학적이고 의학적인 검사를 기대하고 있었다는 듯 당황스러운 표정을 지으면서 나를 쳐다본다. 그러다 결국 의자에서 일어나 자세를 잡고, 스쿼트를 시작한다.

처음 이 책을 쓰기 시작했을 때 이런 질문을 참 많이 받았다. "도대체 스쿼트에 대한 책을 왜 쓰려는 거예요?" 순간적으로 수십 개의 답변이 떠올랐다. 내가 선택했던 답변은 이것이었다. "스쿼트는 당신의 진정한 힘을 찾기 위한 기본 토대가 되기 때문입니다."

고대 그리스의 철학자 소크라테스는 이렇게 말했다.

"신체 단련에 있어서는 어느 누구도 아마추어가 되어서는 안 된다. 인생을 살아가면서 스스로 낼 수 있었을 진정한 힘을 발견하지 못하는 것만큼 인간에게 있어 치욕스러운 일이 없기 때문이다."

'힘'이라는 것을 생각할 때, 우리는 보통 거대한 사람이 엄청난 무게를 들어 올리는 것을 상상한다. 나는 보디빌딩의 괴물, 로니 콜먼이 생각난다. 훈련하면서 질러대는 특유의 괴성으로, 유튜브에서 수백만 건의 조회수를 기록하기도 했다. 로니 콜먼이 온 체육관이 울리도록 "Yeah, Buddy!" 하고 소리 지르는 영상을 나도 친구들과 수없이 돌려보았다. 그 사람은 100파운드(약 45kg)짜리 덤벨을 문자 그대로 마치 플라스틱 장난감처럼 집어던지곤 했다. 로니 콜먼이 힘이 센 사람이라는 사실은 그 누구도 부정할 수 없을 것이다. 여러 방면에서 그는 미국인들이 생각하는 힘이라는 정의에 가장 잘 부합하는 사람이다.

우리는 퍼포먼스가 중요한 사회에 살고 있다. 아무도 여기에는 토를 달 수 없다. 일터에서부터 운동 영역에 이르기까지, 우리가 하는 모든 일들은 '얼마나 많이' 성취할 수 있는지, 얼마나 많이 이룰 수 있는지에 따라 판단을 받고, 점수가 매겨진다.

ESPN에서는 끊임없이 신체 능력에 대한 질문들을 해댄다. 누가 40야드 대시를 가장 빨리 뛰는가? 최근에 누가 제일 무겁게 들었는가? 누가 가장 많은 홈런을 쳤는가?

오늘날 우리가 살아가는 퍼포먼스 중심 사회에는 운동선수들이 살아가고, 훈련하고, 경쟁하는 방식이 널리 퍼져 있다. 우리는 '모든 것'을 다음의 주문에 기초해 판단하고 있다. "더 크게, 더 빠르게, 더 강하게!"

불행히도 이러한 접근에는 어두운 면이 있다. 매년 전 세계에서 수천 명의 선수들이 심각한 시즌 엔딩 부상에 시달린다. 전문가들은 올해 미국에서만 10만 명 이상의 어린 선수들이 전방십자인대가 끊어지는 부상을 당할 거라고 예측한다. 진짜 무서운 점은 이러한 부상 비율이 점점 더 높아지고 있다는 것이다.

끊임없는 신체 능력에 대한 추구와 찬사 속에서, 우리는 동작 역량movement capabilities에 대한 관점을 잃어버렸다. 다른 수많은 기준들을 제치고 퍼포먼스를 무엇보다 중요한 우선순위로 올려놓았다. 그 결과 수많은 사람들의 잠재력이 실현되지 못하고 그저 잠재력으로만 남아버렸으며, 지금의 부상 천지라는 결과를 불러왔다.

사실, 진짜 문제는 요즘 선수들이 너무 크거나, 강하거나, 빠르다거나 한 데 있는 것이 아니다. 진짜 문제는 양질의 움직임이 밑바탕이 되지 않은 채 선수들이 크고, 강하고, 빠르다는 데 있다. 너무나 많은 선수들의 움직임이 형편없다.

뛰어난 퍼포먼스를 발휘할 수 있는 기반은, 사람들이 부상을 당하지 않게 하는 기반과 일치한다. 우리네 현실에서 스트렝스 & 컨디셔닝 전문가들과 스포츠의학계 종사자들은 '움직임'이라는 공통의 언어를 사용한다. 복잡한 연구나 값비싼 기술에 의존하기 이전에, 한 발짝 물러서서 움직임의 기초를 다루어야 한다.

가장 간단한 움직임 패턴들부터 마스터하지 못한다면, 소크라테스가 말했던 신체 능력 잠재력의 최대치에 도달할 방법은 없다. 더 '많이' 움직이려 하기 전에, 관점을 바꾸어 더 '잘' 움직임으로써 우리의 몸을 완벽하게 마스터하지 못한다면, 계속해서 우리의 잠재력을 실현하는 데 실패할 것이다. 그리고 부상비율은 여전히 계속해서 높아질 것이다. 이 모든 변화가 바로 스쿼트에서부터 시작된다.

이 책에서 여러분은 스쿼트의 움직임을 평가하는 간단한 방법들을 배우게 될 것이고, 부상이 발생하기 이전에 문제들을 해결하는 방법을 배우게 될 것이다. 맨몸 스쿼트를 마스터한 후에는 어떻게 바벨 스쿼트를 완벽하게 만드는지를 배울 것이다.

스티브 잡스가 맨 처음 애플1을 소개했을 때, 그는 사람들에게 PC라는 힘을 주고 싶다는 열망을 갖고 있었다. 기술을 통해 사람들에게 힘을 줌으로써 잡스는 세상을 바꿀 수 있었다.

잡스가 그랬듯이, 이 책을 통해서도 사람들에게 똑같은 힘을 줄 수 있을 것이다. 현실에서의 예를 하나 들어보겠다. 최근에 역도를 하는 아이와 이야기를 한 적이 있다. 그 아이는 지난 몇 주간 스쿼트, 클린, 스내치를 할 때마다 겪은 무릎 통증에 대해 이야기했다. 나는 통증을 해결하기 위해 무엇을 했는지 물어보았다. 그 아이는 "무릎에 얼음찜질도 했고, 대퇴사두 스트레칭도 했고, 쉬기도 했어요"라고 대답했다.

그 아이의 무릎 통증은 점점 더 심해졌고 결국 평소 훈련 스케줄마저 수정해야 했다. 퍼포먼스는 점점 떨어지기 시작했고, 당연히 코치도 이 상황을 좋아할 리가 없었다. 심지어 몇 주 뒤에는 전국 단위 대회가 기다리고 있었다. 그 아이의 정신력에 한계가 다가오고 있었다.

그 아이가 자기 무릎을 좀 봐줄 수 있냐고 물었을 때, 나는 웃으면서 고개를 끄덕였다. 우리는 곧바로 문제를 찾기 위한 검사를 시작했다. 그렇지만 나는 앞으로도 계속해서 이런 일을 맞닥뜨리게 될 것이다. 이것이 정말로 데자뷰일까?

열심히 설명하다가 사람들의 말이 끊기면, 나는 항상 이렇게 묻는다. "좋아요. 스쿼트를 어떻게 하는지 한 번 봅시다."

스쿼트 바이블에 온 것을 환영한다. 시작해보자.

차례

Chapter 1

운동 이전에 움직임이 먼저다

움직임 들여다보기

이 책을 쓰면서 나는 여러분이 몸을 다른 방법으로 바라볼 수 있도록 하고 싶었다. 과거 우리가 몸을 바라보고 분석했던 기존의 방법에서 한 발짝 물러났으면 한다. 이제는 우리의 시야를 가리고 있던 것들을 벗어던지고 새로운 방법으로 몸을 이해할 때가 되었다. 바로 인간의 움직임을 들여다보는 것이다.

오늘날 우리는 퍼포먼스 중심 사회에 살고 있다. 미국의 《포춘》지는 매년 순수하게 수익을 기준으로 미국 내 상위 500개 기업을 선정한다. 우리 사회의 패러다임에는 우리가 '어떤 일을 했을 때, 어떤 결과를 성취하고 얻어낼 수 있는가'가 중심에 자리하고 있다. 무슨 수를 써서든 반드시 이겨야 한다는 미국식 승리지상주의가 생활 전반을 꿰뚫고 있는 것이 전혀 이상할 것이 없다. 여기에는 스포츠도 예외가 아니다.

"더 크게, 더 빠르게, 더 강하게!"라는 주문이 모든 스포츠 퍼포먼스 영역에 퍼져 있다. 더 무겁게 들고, 더 빨리 달리고, 계속해서 다음 기록을 갱신해야 한다는 생각이 수십 년간 사회를 갉아먹고 있다. 그게 과연 효과적이었을까? 물론이다. 2012년 올림픽에서 얼마나 많은 세계기록을 세웠는지 보자. 총 32개의 세계신기록이 나왔다. 더 빨리 달리고, 더 무겁게 들고, 더 멀리 뛰었던, 그간 수많은 퍼포먼스의 진보에도 불구하고, 우리가 여전히 놓치고 있는 게 있다. 그 수많은 명예와 찬사에도 불구하고, 선수들은 여전히 무서운 비율로 부상을 당하고 있다.

전방십자인대 부상은 오늘날 스포츠에서 가장 심각한 부상 중 하나다. 이걸 설명할 만한 수치를 몇 개 들어보도록 하겠다.

- 올해 미국에서만 약 10만 건의 전방십자인대파열이 예측된다.[1]
- 이 중 약 2/3가 비접촉 부상이다. 다른 사람이랑 부딪혀서 생기는 부상이 아니라는 뜻이다.[2,3]
- 축구나 농구를 하는 여학생들은 남학생에 비해 3배가 넘는 전방십자인대파열을 보인다.[1]
- 어떤 연구에서는 축구나 농구를 하는 여학생들의 대략 5%가 선수생활중 한 번쯤은 전방십자인대파열로 고생할 것이라는 결과가 나왔다.[1]

사실 중요한 것은 우리가 너무 크다거나, 너무 빠르다거나, 너무 힘이 세다거나 하는 것이 아니다. 그것은 그저 퍼포먼스 중심 사회에서 일어나는 정상적인 인간 진화의 결과물일 뿐이다. 진짜 문제는 크고, 빠르고, 힘이 강한 그 상태가 기본적인 움직임 기반에 기초해 있지 않다는 것이다. 다음의 사례 중 익숙한 것이 있는지 확인해보자.

- 700파운드(약 315kg) 스쿼트는 할 수 있지만, 모빌리티가 제한되어 간단한 프런트 스쿼트는 할 수 없는 거대한 파워리프터
- 500파운드(약 225kg) 스쿼트는 할 수 있지만, 정작 간단한 피스톨(한 발 스쿼트)은 무릎이 불안정하게 흔들리는 축구 선수
- 400파운드(약 180kg) 클린 & 저크(용상)는 할 수 있지만, 클린의 상승 구간에서 무릎이 안쪽으로 무너지는 역도 선수
- 미식축구에서는 그런 자세를 취할 일이 없으니, 피스톨을 배우는 것은 시간낭비라는 스트렝스 코치

어떤가? 불행하게도 퍼포먼스 중심 문화에서 이런 일들이 너무나 흔하게 벌어지고 있다.

선수들에게 스쿼트를 제대로 가르치는 것만으로도 매년 약 70%의 전방십자인대파열을 방지할 수 있을 거라고 내가 말한다면 어떨 것 같은가? 물리치료 박사로서 나는 매일 모든 연령대에 걸쳐, 다양한 기술 수준을 가진 선수들의 움직임의 질을 관찰할 수 있었다. 나는 캔자스시티에 있는 Boost Physical Therapy & Sport Performance에서 일하면서 끔찍한 부상을 당한 선수들을 이해하고 재활하는 데 일만 시간 이상의 경험을 쌓을 수 있었다. 고등학교 여자 축구부부터

NFL 코너백에 이르기까지, 그들은 모두 한 가지 공통점이 있었다.

어린 여자 축구 선수에게 전방십자인대파열은 몸과 마음 모두를 극도로 피폐하게 만드는 부상이다. 시즌을 끝내버릴 정도의 이런 큰 부상은 고등학교 커리어에서 대략 25%가량을 날려버린다. 축구는 요즘 청소년들에게 가장 인기가 많으며, 시간을 많이 투자해야 하는 종목 중 하나다. 축구부 선수로 뛰는 수준이 되면 여러 경기에 참여하느라 매주 최소한 6시간씩은 투자하게된다. 축구부의 일반적인 스케줄을 생각해보면 보통 한 주당 세 번씩, 한 번당 2시간씩의 연습과, 한 시간씩 두 세션의 기술 연습, 그리고 매 주말마다 한 시간 정도의 연습 게임에 두세 번씩 참여해야 한다. 이는 높은 기술 수준을 필요로 하는데다, 이 정도 수준에 도달한 청소년들은 자기가 좋아하는 운동 능력을 더 키우기 위해 매주 몇 시간씩 시간을 투자한다.

NFL에는 의심의 여지없이 전국에서 가장 뛰어난 선수들이 모인다. 극소수의 재능 있고, 운이 좋은 특별한 사람만이 NFL 운동복을 입고, 경기장에 들어갈 수 있다. 고등학교 미식축구 선수중 NFL에 입성하는 경우는 1%가 채 되지 않는다. 그들은 매우 크고, 강하고, 빠르다. NFL은 미국의 운동계 엘리트를 대표하는 사람들이다. 이 정도 수준이 되면 필드에서의 실력 차이란 것이 그선수에게 평생 동안의 물질적 안정을 안겨줄 수 있는 수백만 달러의 계약을 따내느냐, 짐 싸서집에 가야 하느냐의 엄청난 차이를 만들어낸다. 그렇기 때문에 전방십자인대파열이란 것은 신체적으로, 정신적으로, 그리고 물질적으로도, 심각한 손상일 수밖에 없다.

위의 여자 축구 선수나, NFL 선수는 서로 다른 스포츠 선수생활중 서로 다른 시기에 똑같은부상을 입었지만, 이 둘은 대부분의 사람들이 잘 모르고 지나치는 한 가지 공통점을 갖고 있었다. 바로 스쿼트를 제대로 할 수 없었다는 것이다. 그들은 발목과 골반의 충분한 모빌리티, 올바른 관절의 정렬, 근육 간 협응력을 필요로 하는 맨몸 풀스쿼트를 올바르게 할 수 없었다. 그들은 재활기간의 대부분을 맨몸 스쿼트와 피스톨을 배우는 데 썼다. 사람들은 보통 어떤 운동 종목에서 상급자 수준에 도달한 선수라면, 이런 간단한 동작들은 무리 없이 할 수 있을 것이라고 생각한다.

앞의 두 케이스는 내가 만나본 전방십자인대 부상을 당했던 거의 대부분의 사람이 겪는 공통적인 현상이다. 이들은 나약해서 부상을 당한 것이 아니다. 이들과 똑같은 부상을 당했던 수많은 사람들처럼, 위의 두 사람 역시 더 빨리 달리고, 더 높이 점프하고, 더 무겁게 들기 위해서 몇시간씩 체육관이나 필드에서 운동 능력을 늘리고자 노력했다. 우리 사회는 질과 과정보다 양과객관적인 숫자를 더욱 중시한다. 그래서 선수들이 간단한 맨몸 풀스쿼트조차 하지 못하거나, 넘어지지 않고서는 피스톨을 꿈도 꿀 수 없는 상황에서도, 스쿼트를 몇 kg으로 할 수 있는지에만초점을 둔다.

퍼포먼스 중심 문화는 결과만을 너무나 강조한 나머지, 퍼포먼스를 다른 그 어떤 운동 능력들보다 중요하게 여기게 되었다. 선수들은 더 나은 퍼포먼스를 위해, 그들의 움직임을 희생하려고 한다. 우리에게는 분명 '동작 역량'이 필요하다. '움직임 능력'이란 개개인이 고통이나 불편함없이, 그리고 적절한 관절의 정렬, 근육의 협응과 자세를 유지하면서 움직일 수 있는 능력이라고설명할 수 있다.[4]

고된 훈련에서 나오는 퍼포먼스가 중요하지 않다고 말하는 것이 아니다. 내가 말하고자 하는 것은 신체적 능력(스트렝스, 파워, 지구력 등)과 기술이 움직임 능력의 범주를 넘어서서는 안 된다는 것이다. 이것은 신체 능력의 기초를 튼튼히 다지는 것으로부터 시작한다. 그리고 신체 능력의 기초는 움직임 능력을 갖추는 것이다. 가령 올바른 관절 정렬과 근육 협응력을 통해 맨몸 풀 스쿼트를 할 수 있는 능력과 같은, 기초적이고 기능적인 움직임 패턴들의 능력을 갖추는 것은 차후 스트렝스와 기술을 쌓아올릴 수 있는 튼튼한 기반이 된다. 바벨 훈련은 몸의 능력을 시험하고, 기능적 움직임 패턴들의 무결성(완벽함)을 유지하는 데 가장 중요한 방법 중 하나다. 언제나 움직임이 먼저가 되어야 하며, 운동 퍼포먼스는 그 다음에 생각할 문제다.

좋은 테크닉과 효율적인 움직임으로, 특히 바벨 없이 맨몸 스쿼트를 할 수 없다면 그것은 필연적으로 실패를 향한 길 위에 서 있는 것과 같다. 퍼포먼스 측면에서도 더 큰 힘과 파워를 낼 수 있는 잠재력을 발휘하지 못하고 있는 것이다. 신체 능력이 잘못된 기본 움직임에 바탕을 두고 있기 때문에, 부상의 위험도 더 커진다. 얼마나 크든, 빠르든, 강하든 간에, 움직임의 근본 기반이 필요하다. 이러한 근본 기반을 전제로 해야만, 훈련을 통해 얻은 스트렝스와 기술들이 안전하고 효율적으로 유지된다. 이 근본은 하나의 간단한 움직임에 뿌리를 두고 있다. 바로 스쿼트다.

이것은 마치 기초공사 없이 집을 짓는 것과 같다. 온갖 고급 가구들로 집안을 채워서 아름다운 집을 지을 수는 있을 것이다. 이 집은 밖에서 보기에는 안전하고 멋진 집일지 모르지만, 건축에 대해 잘 모르는 사람이라도 잘못된 기초 위에 지어진 집은 결국 무너질 수밖에 없다는 것을 알고 있다. 올바르게 기능하는 육체라는 '집'은 운동 능력을 선보이는 것 이전에, 움직임 능력부터 먼저 갖추고 움직일 것을 요구한다.

이제는 각종 제약사항들에 적응하거나 이를 무시하고 넘어가는 것이 아니라, 움직임의 문제점을 고쳐야 할 때다. 몸이라는 집을 끊임없이 리모델링만 할 것이 아니라, 대들보에 나 있는 커다란 금부터 수리해야 한다. 이것은 사람들을 지금까지와는 다른 방식으로 바라보는 것에서부터 시작한다. 바로 움직임을 들여다보는 것이다.

(맨몸) 스쿼트를 배워보자

스쿼트에 대해 이야기하면, 많은 사람들이 곧바로 바벨 스쿼트에 대한 이야기로 건너뛰곤 한다. 맨몸 스쿼트의 기초에 대해서는 잊어버린다. 운동으로써의 스쿼트를 논하기 이전에, 움직임으로써의 스쿼트부터 다루지 않는다면, 그것은 실패를 향해 나아가는 꼴이 된다.

맨몸 스쿼트를 할 때 나타나는 문제점들부터 고치고 시작하면, 바벨 스쿼트에서 더 많은 무게를 다룰 수 있게 된다. 맨몸으로 ATGAss-to-Grass 풀스쿼트를 수행할 수 있어야 한다. 여기에 예외는 없다. 우리는 모두 살아가는 동안 아프지 않고, 즐겁게 살아가고 싶어한다. 이는 맨몸 스쿼트를 올바르게 하는 법을 배우는 것에서부터 시작한다.

스쿼트 절대 원칙

이번 장에서는 스쿼트 절대 원칙 5개를 알아볼 것이다. 키가 얼마든, 운동 경력이 얼마든, 훈련 목표가 무엇이든 상관없다. 스쿼트를 올바르게 하고, 아프지 않기 위해서는 다음의 절대 원칙들을 반드시 지켜야 한다.

발 각도

대부분의 사람들은 완벽한 스쿼트의 최하단부 바닥 자세가 어떤 것인지 잘 알고 있다. 만약 내가 셋업과 스쿼트를 할 때의 움직임이, 바닥 자세보다 훨씬 더 중요하다고 하면 어떨까?

스쿼트에 관련해 흔한 잘못된 믿음 중 하나는 스쿼트를 할 때 발의 넓이가 정해져 있다는 것이다. 발을 어떻게 둘 것이냐 하는 스탠스의 넓이는 스쿼트 절대 원칙에 포함되지 않는다. 발 사이의 간격은 사람에 따라 다르다. 개개인의 모빌리티 제한과 해부학적 차이가 그 사람의 스탠스를 결정하는 것이다. 우리의 목표는 풀스쿼트까지 앉을 수 있으면서도, 동시에 편안하게 느껴지는 위치를 찾는 것이다. 대부분의 사람들은 어깨너비 정도로 벌리는 것을 적당한 가이드라인으로 삼으면 된다.

다만 이때의 스탠스는 일상생활이나 필드에서 운동할 때 취하는 수많은 움직임에도 똑같이 적용되고 전이될 수 있는 정도의 넓이여야 한다. 바로 이것이 스쿼트를 기능적 움직임이라고 하는 이유다. 농구에서의 디펜스 포지션이나, 야구에서 투수가 와인드업하기 직전 3루수의 자세를 생각해보자. 스쿼트의 시작 스탠스는 다른 수많은 움직임 패턴들에서도 나타나는 보편적인 자세이다. 이러한 이유로 우리는 발끝이 앞쪽을 바라보도록 할 것이다.

발이 앞쪽을 향한 상태에서 아주 살짝, 옆으로 5~7도 정도 발끝을 바깥쪽으로 벌리는 것이 이상적이라 하겠다. 만약 이 자세에서 전체 가동범위로 움직이는 데 문제가 있다면, 신체 어딘가 모빌리티 문제가 있다는 뜻일 수 있다. 바로 이것이 스쿼트 절대 원칙 첫 번째다.

어떤 코치들은 맨몸 스쿼트에서 발 각도를 바깥쪽으로 훨씬 더 크게 틀어주라고 가르친다. 사람들에게 셋업을 이렇게 가르치면, 스쿼트에서 파생되는 다른 움직임 패턴들로 그 자세가 전이될 가능성이 높아진다.

미식축구 라인배커 중에서 이렇게 오리처럼 발끝을 바깥으로 벌리는 준비 자세를 취하는 사람은 아마 한 명도 없을 것이다. 이 자세는 비효율적이며, 부상의 위험도 높다. 라인배커가 이런 자세를 잡고 있으면, 빠르게 움직일 수도 없을 뿐만 아니라 발이 벌어져 있어 강력한 태클을 할 수도 없을 것이다.

맨몸 스쿼트에서는 발끝을 앞쪽으로 곧게 유지하는 것이 이상적이다. 바벨 스쿼트에서는 그보다는 약간 더 밖으로 벌리는 것도 괜찮고, 또 오히려 권장된다. 이렇게 하면 더 깊이 앉을 수 있고, 안정성도 증가하기 때문이다. 바벨 스쿼트에 관련된 세부 내용은 다른 장에서 다루도록 하겠다.

발바닥 삼각대

발끝을 벌리는 각도를 다뤘으니, 이제 발을 어떻게 할지 다뤄보자. 발에 제대로 아치가 생긴다면, 그 발은 필연적으로 발바닥 '삼각대'라고 부르는 모양이 된다.

발바닥 삼각대는 뒤꿈치, 엄지발가락과 새끼발가락 뿌리의 세 지점으로 이루어진다. 우리의 발은 기본적으로 삼륜 오토바이처럼 생겼다. 스쿼트를 할 때는 발의 아치를 유지하되 세 부분 모두에 무게를 똑같이 배분하는 것을 목표로 해야 한다. 오토바이는 세 개의 바퀴가 모두 지면에 닿아 있어야 큰 파워를 낼 수 있다. 만약 바퀴 하나가 지면에서 떨어지거나, 차체의 밑바닥이 땅에 닿으면, 출력은 엉뚱하게 새고 오토바이도 망가질 것이다. 만약 아치가 무너져 발이 틀어지면, 오토바이가 그렇듯 우리도 안정성과 파워를 잃는다.

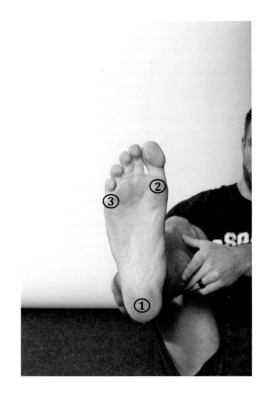

몸무게를 발바닥 세 곳 모두에 균등하게 배분해야만, 가장 효율적인 기저면을 얻을 수 있다. 발바닥 삼각대를 마스터하는 것이 스쿼트 절대 원칙 두 번째가 되겠다.

힙 힌지(고관절 접기)

앞으로 곧게 뻗은 채로 삼각대를 만들어주는 발의 자세를 다루었으니, 다음의 큐를 알아볼 차례다. '고관절을 뒤로 밀어라.'

모든 스쿼트는 반드시 힙 힌지로 시작해야 한다. 고관절을 뒤로 밀어주고, 가슴을 앞으로 가져오는 힙 힌지 움직임을 통해, 둔근과 햄스트링을 포함한 후면사슬이 적절하게 개입된다.

고관절은 우리 몸의 파워 하우스power house다. 이곳의 근육들이, 스쿼트를 할 때 우리를 밑바닥에서 위로 밀어 올려 엄청난 무게를 들 수 있게 해준다. 따라서 반드시 이 근육들을 효율적으로 쓸 수 있어야 한다. 이것이 스쿼트 절대 원칙 세 번째다.

외회전 토크 만들기

스쿼트를 시작하기 전 기억해야 할 마지막 큐는 고관절을 바깥으로 돌리면서 회전(력)을 만들어주는 것이다. 이렇게 하면 고관절에 스프링과 같은 탄성이 만들어지고, 이 탄성은 스쿼트를 하는 동안 무릎이 이상적인 정렬을 따라 움직이도록 해준다.

나는 고관절에서 이 토크(외회전력)를 만들어낼 수 있도록, "엉덩이를 조여라!"와 "무릎을 밖으로!"라는 큐를 사용한다. 이렇게 하면 필연적으로 스프링과 유사한 고관절의 역학적 특성을 이용하게 된다. 그러면 엉덩이 바깥쪽 근육들이 움직임에 개입하는 것을 느낄 수 있다. 무릎은 발과 같은 방향을 따라 움직이면서 올바른 자세를 취하고, 발에는 아치가 만들어진다.

발의 아치를 자세히 들여다보면, 아치의 움직임은 하체의 나머지 부분들이 어떻게 움직이느냐에 따라 달라진다는 것을 확인할 수 있다. 무릎을 밖으로 밀어내면, 발은 최대치의 아치를 만든다. 무릎이 안으로 모이면, 발이 무너져서 아치는 사라지고 평발이 된다. 따라서 올바른 하체 자세를 얻기 위해서는 엉덩이를 올바르게 사용할 수 있어야 한다.

안정적인 발

불안정한 발

다만 이 과정에서 절대로 발바닥 삼각대라는 원칙이 무너져서는 안 된다. 따라서 무릎을 밖으로 너무 멀리 밀어내서는 안 된다. 무릎을 밖으로 밀어내라는 큐를 잘못 이해해서 무릎을 너무 과하게 밖으로 밀어내는 사람들이 있다. 이렇게 하면 발이 안정성을 잃고 바깥쪽으로 구르게 된다. 우리의 목표는 무릎이 항상 발과 일직선으로 정렬을 유지하도록 만드는 것이다. 고관절의 외회전 토크를 만들어내는 것이 스쿼트 절대 원칙 네 번째다.

자세통합성

올바른 스쿼트 테크닉을 위해서는 몸 전체 모든 부분이 완벽한 협응을 이뤄야 한다. 여기에는 몸통과 목 역시 척추 중립 상태로 곧게 유지하는 것이 포함된다. 바로 이 자세통합성이라는 개념이 마지막 다섯 번째 스쿼트 절대 원칙이다.

균형을 유지하기 위해서 스쿼트를 하는 동안에는 무게중심이 미드풋(발 가운데) 위에 있어야 한다. 그러려면 가슴이 조금 더 앞쪽으로 움직여야 한다. 그러나 몸통을 앞으로 기울인다는 것이 가슴이 앞으로 무너진다는 뜻은 아니다.

이때 팔을 뻗으라는 큐가 몸통을 곧게 유지하는 데 도움이 된다. 팔을 몸 앞으로 뻗어주면 조금 더 자연스럽게 몸통을 곧게 유지할 수 있다.

목을 중립 상태로 유지하는 것은 상체의 각도에 따라 다르다. 맨몸 스쿼트를 할 때는 몸통이 보통 무릎을 넘어가서 앞으로 기울어진다. 이때의 시선은 자연스러운 정면이나 10~15피트 (3~4.5m) 정도 앞의 바닥을 향해야 한다. 만약 프런트 스쿼트나 오버헤드 스쿼트처럼 몸통이 좀 더 수직에 가까워지면, 시선은 좀 더 앞을 바라보거나, 수평에서 0.5피트(15cm) 정도로 살짝 위를 향해도 된다.

정리

맨몸 스쿼트의 다섯 가지 절대 원칙을 한 번 더 확인해보자.

1. 발끝이 앞쪽을 향하도록 할 것. 5~7도가량 바깥으로 벌어지는 것이 일반적
2. 발의 세 접점이 모두 바닥에 닿도록, 발바닥 삼각대를 유지할 것
3. 고관절을 살짝 뒤로 밀고 가슴을 앞으로 가져와서, 후면사슬을 개입시킬 수 있도록 고관절을 접어줄 것(힙 힌지). 이때 무게중심은 발 가운데로 유지할 것
4. 발바닥 삼각대를 유지한 채로, 둔근을 조이고 무릎은 밖으로 밀어내서, 고관절 외회전 토크를 만들어낼 것
5. 바닥과 평행하게 팔을 앞으로 쭉 뻗고, 시선은 정면을 유지하면서 자세통합성을 견고히 할 것

맨몸 스쿼트

하강

다섯 가지 절대 원칙을 확인했으면 이제 앉을 준비가 끝났다. 내려가다가 중간에 멈춘다거나, 너무 깊이 앉는 것은 생각하지 않는다. 그저 본인의 모빌리티가 허락하는 범위에서 최대한 깊이 내려가도록 하자. 전체 동작을 수행하는 동안 몸의 균형을 유지한다. 발의 어느 지점에 몸무게가 실리는지 느끼는 것이 매우 중요하다. 이렇게 본인의 자세를 자각할 수 있는 능력을 고유수용감각이라고 한다.

하강할 때는 정강이가 지면과 수직이 되는 상태를 최대한 오랫동안 유지해야 한다. 정강이를 수직으로 유지하지 못하는 순간이 오면, 그때부터는 무릎이 발끝 위쪽을 향해 앞으로 움직인다. 너무 이른 시점부터 무릎의 전방 움직임이 나타나면, 무릎 관절이 받는 압력이 커지고, 무게중심이 무너진다.

바닥 자세bottom position

최대 깊이까지 앉고 나면, 안정적이고 균형이 잘 잡혀 있다는 느낌이 들어야 한다. 몸무게는 발의 앞뒤를 따라 균일하게 나뉘어 있어야 한다. 이때 몸의 무게중심을 따라 가상의 수직선을 그리면, 이 선은 발 가운데(미드풋)를 지난다.

상승

바닥에서 일어날 때는 '힙 드라이브'만을 생각한다. 엉덩이를 위로, 그리고 뒤쪽으로 밀어 올려야 한다. 엉덩이를 밀 때는 정강이를 뒤쪽으로 끌어당기면서, 다시 수직으로 세우는 모습을 상상한다. 이렇게 하면 후면사슬을 조금 더 효율적으로 쓸 수 있다. 무릎에 가해지는 압력은 없애면서, 고관절의 근육들은 커다란 힘을 낼 수 있는 자세가 된다. 이때 가슴은 반드시 고관절이 올라오는 속도와 똑같은 속도로 올라와야 한다. 만약 고관절만 혼자 너무 빨리 올라오면, 가슴은 반사적으로 앞쪽으로 무너지고, 몸의 무게균형은 깨진다.

상승 구간에서 무릎은 안정적인 위치를 유지해야 한다. 다시 말해서 움직임이 일어나는 동안 무릎을 발과 같은 방향으로 정렬해 있어야 한다는 뜻이다. 무릎 컨트롤이 개선되면, 움직임의 효율성은 올라가는 동시에 부상의 위험은 낮아진다. 효율적인 움직임은 더 큰 파워를 생산하고, 더 큰 스트렝스를 기를 수 있는 잠재력을 길러준다. 더 큰 파워와 더 강한 스트렝스, 그리고 부상을 피하는 것까지. 바로 이것이 우리 모두가 원하는 것이 아닌가?

정리

맨몸 스쿼트는 코치나 운동선수들 모두가 무심코 지나치는 움직임이다. 우리는 너무나 자주 우리가 완벽한 스쿼트를 할 수 있을 것이라고 생각한다. 몸이 좋다거나, 운동을 잘한다는 이유로 이 움직임을 당연히 할 수 있을 거라고 여겨서는 안 된다. 스쿼트는 운동이기 이전에, 움직임으로의 접근이 선행되어야 한다.

Notes

1. C. C. Prodromos, Y. Han, J. Rogowski, et al., "A Meta-analysis of the Incidence of Anterior Cruciate Ligament Tears as a Function of Gender, Sport, and a Knee Injury-reduction Regimen," *Arthroscopy* 12 (December 23, 2007): 1320 – 25.

2. T. Krosshaug, A. Nakamae, B. P. Boden, et al., "Mechanisms of Anterior Cruciate Ligament Injury in Basketball: Video Analysis of 39 Cases," *American Journal of Sports Medicine* 35, no. 3 (2007): 359 – 66.

3. B. P. Boden, G. S. Dean, J. A. Feagin, et al., "Mechanisms of Anterior Cruciate Ligament Injury," *Orthopedics* 23, no. 6 (2000): 573 – 78.

4. M. Kritz, J. Cronin, and P. Hume, "The Bodyweight Squat: A Movement Screen for the Squat Pattern," *National Strength and Conditioning Association* 31, no. 1 (2009): 76 – 85.

Chapter 2

바벨 스쿼트 테크닉

자세통합성 유지하기

앞에서 맨몸 스쿼트를 제대로 하는 법에 대해 알아보았다. 안정성을 유지하기 위해 팔을 앞으로 쭉 뻗는 것을 이야기했고, 이렇게 함으로써 등 하부를 올바른 척추 중립 상태로 유지할 수 있다.

바벨 스쿼트에서 자세통합성을 유지하기 위해서는, 테크닉을 맨몸 스쿼트와 다르게 조금 조절할 필요가 있다. 바벨을 사용하면 몸통을 견고히 하기가 더 어렵기 때문에, 안정성을 높일 수 있는 방법을 찾아야 한다. 안정적인 코어는 효율적이고 힘차게 움직일 수 있는 기반이 된다.

코어 안정성

몸통을 얼마나 안정적으로 유지할 수 있느냐가 스쿼트 움직임의 질을 결정한다. 모든 근육들을 떼어놓고 척추만 보면, 척추는 그저 뼈를 쌓아놓은 것에 불과하다. 사람의 몸통을 구성하는 29쌍의 근육들과, 이 근육들을 둘러싸 붙잡아주고 있는 근막의 끊임없는 협업이 없었다면, 척추는 상체의 무게조차 버티지 못하고 무너져 내렸을 것이다.[1]

사람들은 윗몸일으키기나 크런치 같은 운동으로 몸통의 안정성을 증가시킬 수 있을 거라고 생각한다. 그러나 실제로 그런 움직임들은 특정 근육을 고립시키는 운동일 뿐 안정성을 늘려주지는 못한다. 스트렝스와 안정화 능력은 별개의 문제다.

스트렝스란 힘을 만들어낼 수 있는 능력이다. 더 강하게 밀고 당길 수 있다는 것은, 더 강력한 근육을 갖고 있다는 뜻이다. 안정성이란 어떤 신체 부위의 주변에서 움직임이 일어나고 있을 때, 이 부분이 움직임에 대항하여 가만히 버틸 수 있는 능력을 말한다. 안정적인 척추는 육중한 바벨의 무게에 짓눌려 구부러지지 않고, 이에 대항해 가만히 버틸 수 있다.

복근을 위해 크런치를 하거나, 등 하부 기립근을 위해 하이퍼 익스텐션을 하는 등의 안정근 강화 운동을 해준다고 해서, 해당 근육의 안정화 능력이 좋아지지는 않는다. 코어의 안정성은 복부 근육들과 더불어 등, 고관절, 골반대, 횡격막과 그 근처를 둘러싼 근막들이 동시에 조화롭게 움직일 때 만들어진다. 움직이는 동안 이들이 함께 활동해야 척추를 안전하고, 안정적으로 유지할 수 있다. 따라서 크런치를 아무리 많이 하고, 글루트 햄 머신에서 하이퍼 익스텐션을 수없이 하더라도, 코어 안정성을 개선하는 것에는 전혀 도움이 되지 않는다. 안정성의 핵심은 다음의 두 가지에 달려 있다. 타이밍과 협응 동원 능력.

스쿼트를 하기 전 코어 근육들을 동원하는 방법으로 다음의 큐를 사용한다. '주먹으로 배를 맞는 것에 대비하라.'* 이렇게 하면 등 하부의 안정성을 증가시키고, 등 하부를 척추 중립 상태로 만들 수 있다. 스쿼트 하강 동작 이전에 이 근육들을 먼저 깨워줌으로써, 무거운 무게에 대비해 몸을 준비시킬 수 있다.

....

* 역주: 원문은 'brace for a punch'이다. brace는 조이다, 대비하다, 힘을 주어 버티다의 뜻을 갖고 있다. 여기서는 배에 펀치가 들어오는 것을 상상하며 힘을 주어 버티라는 의미로 쓰였다. 이 책에서는 명사로 쓰인 경우 '브레이싱'이라는 고유명사로, 동사로 사용된 경우 '코어를 조이다' 등으로 통일하였다.

올바른 호흡

스쿼트를 할 때, 배에 힘을 주어 조이는 것만으로는 부족하다. 무거운 무게를 안전하게 들고 싶다면, 올바르게 숨쉬는 법을 배워야 한다. 지금까지 스트렝스 및 의학 분야 전문가들은 리프팅할 때의 올바른 호흡 방법을 제대로 가르치지 못했다. 많은 사람들이 코어를 풍선처럼 이해해서 외부의 고무 벽만을 강화하려 했고, 정작 내부의 압력을 높이는 방법은 가르치지 못했다.

피트니스 및 의료계 종사자들은 다음과 같이 배운다. '바벨을 내릴 때 숨을 들이마시고, 들어 올릴 때 내뱉는다.' 벤치프레스 3세트 10회처럼 가벼운 무게로 고반복 운동을 할 때는 이렇게 해도 상관이 없다. 그러나 이 메커니즘이 바벨 스쿼트에는 적절하지 않다. 만약 파워리프터가 1,000파운드(약 450kg) 스쿼트를 하는데, 올라오면서 숨을 다 내뱉으면 어떻게 될까?

가령 1RM 80% 이상의 무거운 무게로 스쿼트를 할 때는, 크게 숨을 들이마신 뒤 전체 반복하는 동안 계속해서 숨을 참고 있어야 한다. 보통 저중량 고반복 운동을 할 때는 이런 호흡법이 필요하지 않지만, 고중량 저반복의 경우에는 매우 중요하다. 이 호흡법은 다른 어떤 행동들보다 먼저 선행되어야 하며, '배를 맞는 것에 대비하라(브레이싱)'는 큐와 함께 사용되어야 한다. 이렇게 하면 코어를 확실하게 안정시킬 수 있다.

다음의 간단한 테스트를 통해 스쿼트를 할 때의 올바른 호흡법을 알아보자. 한 손은 배 한가운데에 올리고, 다른 손은 배 옆(아래쪽 갈비뼈 근처)에 놓는다. 이제 숨을 크게 들이마신다. 제대로 했다면, 배 가운데가 부풀어 오르는 것을 느낄 수 있다. 하부 흉곽은 바깥쪽으로 부풀어 오르는 것을 느낄 수 있다. 코어 안쪽의 부피가 커지는 것을 직접 느껴보는 것이다. 숨을 크게 들이마시면, 폐 바로 아래에 있는 횡격막이 수축하고, 이어서 횡격막이 위(胃)를 향해 아래로 하강한다.[2]

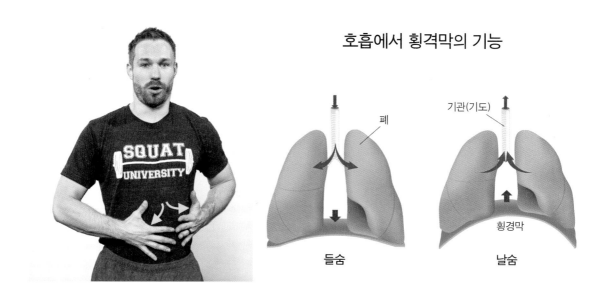

호흡에서 횡격막의 기능

폐

기관(기도)

들숨

날숨

횡격막

호흡을 잘못하면, 배가 아니라 가슴이 부풀어 오르는 것이 느껴진다. 이때는 횡격막을 최대한으로 사용하지 않기 때문에, 복강(腹腔) 내부의 부피에 큰 영향을 주지 못한다. 복강 내부의 부피가 왜 중요할까?

　　제대로 '배 속으로' 숨을 들이마시면서, 코어를 꽉 조여서 브레이싱을 해주면 특별한 일이 일어난다. 다시 한 번 배에 손을 올리고, 크게 숨을 들이마셔 보자. 숨을 들이마신 뒤, 이제 마이크 타이슨이 강하게 배에 주먹을 날리는 것을 상상하면서 코어 근육을 강하게 조인다. 두 동작을 합치면 복강내압이 증가한다. 복강이 더 이상 팽창할 수 없기 때문이다. 지금까지의 연구에 따르면 바벨 훈련을 할 때 등 하부를 견고하게 안정시키는 가장 효율적인 방법은 바로 복강내압을 증가시키는 것이었다.[4,5]

　　반드시 순서를 지켜야 한다. 숨을 들이마시기 전에 브레이싱부터 하면, 충분한 복강내압을 만들어낼 수 없다.

　　이는 코어가 이미 최대한으로 조여진 상태에서는 횡격막을 최대한으로 수축, 하강시킬 수 없기 때문이다. 숨을 들이마시고 나서 브레이싱을 함으로써 복강내압을 증가시키면, 브레이싱만 해줄 때보다 더욱 강하게 척추 하부를 안정시킬 수 있다.[1]

　　다음의 간단한 테스트를 통해 코어의 압력과, 전체적인 근력 사이의 관계를 확인해보자. 등에 바벨을 짊어진 채로 숨을 내쉬어 폐에서 모든 공기를 내보낸다. 그 상태로 등 위의 바벨의 무게를 느껴보자. 이번에는 숨을 크게 들이마시고 코어를 조인다. 단단한 코르셋을 입은 것처럼 코어를 둘러싸고 있는 360도 모든 방향으로 압력을 만들어낸다. 단, 반드시 호흡을 통해 코어가 앞뒤, 양옆 모든 방향으로 팽창하도록 한다. 조금 전과 차이가 느껴지는가?

이번에는 등 위의 바벨이 훨씬 가볍게 느껴질 것이다. 이제 무거운 스쿼트를 할 때 이 방법을 쓰는 것이 이해가 가는가? 바로 이것이 역도 선수들과 파워리프터들이 바벨에 뭉개지지 않고, 무지막지한 무게를 들어 올리는 방법이다.

스쿼트를 할 때 이렇게 숨을 참으면, 바닥에서 올라오는 동안 입에서 신음소리가 나오곤 한다. 이 소리는 올라오면서 숨을 내쉬고 싶은 인간의 자연스러운 욕구를 억제할 때 나오는데, 이렇게 강제로 숨을 참는 것이 발살바 호흡법이다. 입에서 숨이 빠져나오는 것을 강하게 막아주는 것은 척추 안정성을 유지하는 데 필수적인 요소다.

발살바 메뉴버를 올바르게 수행하려면, 기도(氣道)를 꽉 막은 채로, 막힌 기도를 향해 강하게 숨을 뱉어내야 한다. 이제 '무게를 내릴 때 숨을 들이마시고, 들어 올릴 때 숨을 내쉬어라'는 말이 이전과는 다르게 들릴 것이다. 스쿼트를 할 때 올라오는 과정에서 숨을 모두 내뱉으면 복강내압의 심각한 저하를 가져온다.

복부의 압력이 감소하면, 척추의 안정성 역시 감소한다. 이것은 코어 근육을 얼마나 강하게 조이는지와는 상관이 없다. 숨을 전부 내뱉는 즉시, 안정성을 잃어버린다. 그 결과 척추의 디스크나 인대들처럼 작고 연약한 구조물들이 불필요한 압력에 노출된다. 이것은 마치 풍선에서 너무 빠르게 바람을 빼는 것과 같다. 바람이 빠짐에 따라, 풍선은 불안정해진다. 몸에서도 똑같은 일이 일어난다. 그렇지만 풍선의 입구를 조여서 바람이 조금씩만 빠지도록 해주면, 이 풍선은 더 오랫동안 안정적인 상태를 유지할 수 있다.

압력을 유지하려면, 날숨이 전부 빠져나가는 것을 강력하게 막아야 한다. 특히 손가락으로 풍선의 입구를 잘 막아주어야 하는데, 여기에는 여러 방법이 있다. 어떤 사람들은 신음소리를 내기도 하고, 어떤 사람들은 입술 사이로 작은 구멍을 만들고 그 사이로 천천히 숨을 내뱉으면서 "츠~" 하는 소리를 내기도 한다. 두 방법 모두 전체 리프팅 과정 동안 복강내압을 높게 유지할 수 있다.

스쿼트를 하는 동안 숨을 참는 것은 몇 초 이내의 짧은 시간으로 끝내야 한다. 숨을 참는 동안에는 혈압이 급격히 오르기 때문에 기절할 수도 있고, 기타 심혈관계 질환이 있는 사람의 경우에는 위험할 수도 있다. 발살바 메뉴버를 사용하면 순간적으로 수축기 혈압이 오르는 것은 사실이지만, 건강한 사람들에게는 매우 안전하다. 대부분의 사람들에게 잠시 혈압이 증가하는 것은 아무 문제가 없다. 그러나 뒤집어 말하면 고령이거나 심장 질환 병력이 있는 사람들은 조심해서 사용해야 하겠다.

정리

올바른 스쿼트란 결국 적절한 척추 안정성을 유지하는 것이 핵심이다. 코어 근육을 조화롭게 조여주는 브레이싱 능력과 호흡의 힘을 함께 잘 사용한다면, 올바르게 움직이면서도 동시에 엄청난 무게를 안전하게 들어 올릴 수 있다.

하이바 스쿼트

하이바 스쿼트는 어린 운동선수들이 거의 처음으로 배우는 바벨 운동이다. 테크닉을 완성시키면 더 높은 무게를 들 수 있으면서, 동시에 부상의 위험은 낮출 수 있다.

얼마나 열심히 운동을 하든, 얼마나 훈련 계획이 잘 짜여 있든, 그것은 중요한 요소가 아니다. 무엇이 되었든 테크닉에 문제가 생기면 스스로가 가진 잠재력을 최대로 발휘할 수 없게 된다.

시작하기 전에

성공적인 바벨 스쿼트는 랙에서부터 시작한다. 바벨은 대략 가슴 높이 정도로 세팅한다. 바벨이 너무 높거나, 너무 낮은 위치에 있으면 처음에 바벨을 뽑거나, 내려놓을 때 위험한 자세를 취하게 된다.

올바른 높이

잘못된 높이

다음 단계는 등의 올바른 위치에 바벨을 올려놓는 것이다. 바벨 밑으로 들어가서 어깨 꼭대기와 목 뒤쪽 사이에 바벨을 꽉 끼워놓는다. 이때 견갑골을 당겨서 모아주면, 등 상부 근육들이 수축하면서 튼튼한 '선반'이 나타난다. 이 선반의 꼭대기에 바벨을 올려놓는다.

바벨을 잡는 그립을 어떻게 할 것인가는 개인의 선택이다. 누군가는 엄지를 바벨 아래로 넣어 감싸쥘 것이고, 어떤 사람은 엄지를 바벨 위로 올려서 모든 손가락이 위로 가도록 말아쥘 것이다. 그러나 바벨을 어떻게 잡든지 간에 손목은 중립 상태의 정렬을 유지하는 것이 이상적이다. 손목을 곧게 펴면 팔꿈치에 과한 압력을 가하지 않으면서, 바벨을 안전하고 튼튼하게 등 위에 올려놓을 수 있다.

이제 바벨을 랙에서 뽑아보자. 발을 어깨너비로 벌리고, 바벨 밑으로 들어간다. 숨을 크게 들이마시고, 코어에 힘을 주어 조인다. 양다리에 무게를 균등하게 배분하고, 고관절과 무릎을 동시에 펴주면서 바벨을 들어 올린다.

가끔 발을 평행이 아니라, 앞뒤 대각선으로 벌린 채 드는 사람들이 있다. 저중량일 때는 바벨을 들고 나오기가 쉽지만, 고중량에서 이 방법으로 바벨을 들고 나오는 것은 위험하다.

브레이싱을 하지 않고 랙에서 바벨을 뽑는 경우도 있다. 브레이싱을 통해 코어를 조이지 않으면 바벨을 들어 올리는 데 충분한 수준의 안정성을 만들어낼 수 없다. 900파운드(약 405kg) 스쿼트에 도전하면서 바벨을 대충 뽑는 사람은 없을 것이다. 그랬다가는 엄청난 무게가 곧바로 그 사람을 뭉개버릴 것이다.

하강

바벨 스쿼트의 하강 동작은 맨몸 스쿼트와 똑같은 원칙을 따르지만 두 가지 다른 점이 있다. 바로 발의 위치와 호흡이다. 바벨로 스쿼트를 할 때는 맨몸으로 할 때보다 발끝을 조금 더 바깥으로 벌려도 좋다. 어떤 사람들은 이렇게 하면 안정성을 유지하면서도, 조금 더 깊게 앉을 수 있다.

바벨을 올바르게 랙에서 뽑은 후, 천천히 뒤로 세 발자국을 걸어 나와 자신의 스쿼트 스탠스를 맞춘다. 이때의 스탠스는 편안하면서도, 전체 가동범위로 움직일 수 있는 넓이여야 한다. 따라서 모든 사람은 조금씩 다른 스탠스 넓이를 갖게 된다.

다음은 발바닥 삼각대다. 발의 세 지점이 모두 동일한 정도로 지면에 닿아 있어야 한다. 제대로 하면 발은 완벽한 아치를 이루며, 나머지 몸 전체를 안정적으로 지지해준다.

다음으로 고관절에서 외회전 토크를 만들어낸다. 엉덩이 근육을 꽉 조이면, 고관절에서 외회전 토크가 만들어지고, 무릎은 발을 따라 올바른 정렬 상태로 맞춰진다.

어떤 코치들은 "무릎을 밖으로 밀어내라"는 큐를 사용한다. 이 큐는 특히 무릎이 안으로 무너지는 사람들한테 유용하다. 그러나 어떤 사람들은 오히려 이 큐 때문에 균형이 깨지기도 하므로, 개인차를 고려해야 한다. 무릎을 밖으로 너무 많이 밀어내면, 발이 바깥쪽으로 넘어가버린다. 이것은 삼각대에서 두 꼭지점만을 사용해 중심을 잡는 것과 같다. 어떤 큐를 사용하든 반드시 발 전체가 지면과 붙어 있되, 무릎은 발끝을 따라서 발가락과 같은 방향으로 움직이도록 해야 한다.

다음으로 '배 안으로' 숨을 크게 들이마시고, 마이크 타이슨이 배에 펀치 날리는 것을 상상하며 코어를 강하게 조인다. 마지막 단계는 후면사슬(둔근과 햄스트링)을 개입시키는 것인데, 이는 힙 힌지가 올바르게 되어야 가능하다. 고관절을 뒤로 살짝 밀어내면서 가슴은 앞으로 가져온다. 하이바 스쿼트에서는 비교적 고관절의 개입이 적다. 고관절이 뒤로 너무 멀리 가버리면, 가슴은 그에 맞춰 앞으로 떨어지고, 이는 몸의 균형이 깨지는 원인이 된다. 고관절이 개입되었고 몸의 균형이 맞다면, 그대로 엉덩이가 뒤꿈치 위쪽으로 내려가도록 앉으면서 스쿼트를 시작한다. 어떤 특정 깊이까지 내려가야 한다는 생각은 하지 않는다. 그냥 주저앉으면 된다.

바닥 자세

스쿼트를 할 때 효율적으로 스트렝스와 파워를 만들어내기 위해서는, 반드시 균형을 유지해야 한다. 따라서 무게중심은 정확하게 미드풋 위에 있어야 한다. 맨몸 스쿼트에서의 무게중심은 복부 한가운데 근처에 위치한다. 다만 이 위치는 키, 몸무게, 다리 길이 등 여러 신체 조건에 따라서 조금씩 차이가 있을 수 있다.

맨몸 스쿼트에서 균형을 잡을 때는, 상체가 무릎 위쪽으로 조금 기울어져야 한다. 그러나 바벨 스쿼트에서는 바벨이 몸의 무게중심이 된다. 이때 바벨을 등 위쪽에 짊어지기 때문에, 맨몸 스쿼트보다는 조금 더 곧게 선 상체 각도를 사용하게 된다.

상체를 세우는 테크닉의 변화로 인해, 하이바 스쿼트에서 풀스쿼트 깊이로 앉으면 무릎은 발끝을 넘어간다. 이는 대퇴사두근과 둔근 사이의 부하를 조절하고, 균형을 맞추기 위한 것이다. 또한 무릎이 발끝을 넘어가는 자세는 충분한 수준의 발목 모빌리티를 필요로 한다. 따라서 발목이 뻣뻣한 사람들은 맨몸 스쿼트를 완벽하게 할 수 있으면서도, 하이바 스쿼트 기반의 동작들에서는 어려움을 겪을 수도 있다.

보통 하이바 스쿼트는 파워리프터들이 하는 로우바 스쿼트에 비해 더 깊게 앉는다. 스내치나 클린 & 저크 같은 역도 경기에서는 보통 매우 깊게 앉는 스쿼트 자세로 바벨을 받아낸다. 따라서 하이바 스쿼트 테크닉은 역도나 크로스핏으로의 전이성이 좋다.

그러나 모든 사람이 역도 훈련을 하는 것은 아니다. 따라서 바벨 스쿼트가 반드시 ATG 스쿼트여야 할 필요는 없다. 스쿼트의 깊이는 어디까지나 그 사람이 주로 하는 운동 종목에서 필요로 하는 정도에 따라 달라진다. 다만 누구나 최소한 패럴렐(수평) 깊이까지는 앉을 수 있어야 한다. 패럴렐이라는 말은 고관절이 접히는 부분이 무릎의 가장 높은 구간과 평행한 수준까지 앉는다는 뜻이다.

상승

상승 구간에서는 균형을 유지하는 것이 가장 중요하다. 밑바닥에서 올라오는 첫 순간부터 고관절과 가슴은 같은 비율로 올라와야 한다.

균형이 깨졌다

엘리트 역도 선수들은 바닥에서 강하게 튕겨 올라오기도 한다. 이것은 더 많은 무게를 들기 위한 매우 숙련된 방법이다. 이렇게 강력한 움직임을 시도할 때 테크닉은 필수적인 요소다. 이때 무릎은 반드시 정렬을 유지해야 한다. 제대로만 한다면 하단에서 튕기는 반동이 마치 스프링이 튕겨 나오는 것처럼 느껴질 것이고, 강력한 힘으로 우리를 위로 밀어줄 것이다.

이때 상체는 반드시 안정적인 자세를 유지해야 한다. 경험이 부족한 사람들은 이때 등이 무너져 앞으로 말리기도 한다. 만약 제대로 된 컨트롤 없이 하단에서 강하게 튕기면, 등 하부의 안정성을 잃을 수도 있다. 그러면 등에 있는 연약한 구조물들이 즉각적으로 해로운 힘에 노출된다.

이 기술은 반드시 경험이 많은 코치의 감독에게 배워야 한다. 잘못 수행하면 테크닉이 망가지는 것은 물론이고, 부상으로 이어질 수도 있다.

하이바 스쿼트 시퀀스

1. 바벨을 등 상부의 선반에 꽉 박아 넣는다.
2. 발바닥 삼각대를 만들어준다.
3. 고관절에서 외회전 토크를 만들어준다. (큐: 엉덩이 조이고)
4. 크게 숨을 들이마시고, 꽉 조여서 튼튼한 몸통을 만들어준다. (큐: 숨 크게, 코어 조이고)
5. 후면사슬을 개입시키기 위해, 고관절을 접어준다. (큐: 엉덩이 뒤로)
6. 전체 스쿼트 동작 내내 바벨을 미드풋 위에 두어 균형을 유지한다.

7.   상승할 때는, 고관절과 가슴이 똑같은 비율로 올라오도록 한다. (큐: 힙 들고, 가슴 들고)

로우바 스쿼트

이제 로우바 스쿼트를 알아볼 차례다. 더 무겁게 들 수 있기 때문에 파워리프팅을 하는 사람들은 보통 이 방식을 사용한다.

시작하기 전에

성공적인 스쿼트는 언제든 랙에서 올바르게 바벨을 뽑는 것부터 시작한다. 하이바 스쿼트나 프런트 스쿼트처럼 바벨을 가슴 높이 근처로 세팅한다. 일반적으로 바벨은 높은 것보다는 차라리 낮게 세팅하는 것이 좋다. 가장 나쁜 상황은 바벨을 뽑을 때, 까치발을 서야 할 정도로 바벨이 높게 세팅되어 있는 것이다.

이제 올바른 위치에 바벨을 올려놓을 차례다. 바벨 밑으로 들어가서 어깨 뒤쪽에 견고하게 바벨을 박아 넣는다. 견갑골을 당겨서 모아주면, 등 중앙부의 근육들이 수축하면서 '선반'이 만들어질 것이다. 이 선반 위에 바벨을 올려놓는다. 이 자리는 하이바 스쿼트에서 바벨을 올려놓았던 곳보다 2~3인치(약 5~7.5cm) 정도 낮을 것이다. 로우바 스쿼트를 한 번도 해본 적이 없다면, 이 자세가 불편하고 이상하게 느껴질 것이다.

그립은 편안하게 잡을 수 있는 넓이로 잡는다. 대부분의 파워리프터들은 바벨의 널링(눈금, notch) 근처로 와이드 그립을 잡는다. 그렇지만 이것이 모두가 따라야 하는 대원칙은 아니다. 어깨너비보다 조금 넓은 정도의 스탠다드 그립을 사용해도 좋다. 다만 그립을 이렇게 좁게 잡으려면 충분한 수준의 상체 모빌리티가 확보되어 있어야 한다. 가슴과 어깨의 유연성이 떨어짐에도 불구하고, 그립을 너무 좁게 잡으면 팔꿈치에 과도한 부하가 걸린다.

이제 랙에서 바벨을 뽑아보자. 바벨 밑으로 들어가서 어깨너비 정도로 발을 벌린다. 크게 숨을 들이마시고, 코어를 조인다.

준비가 되었으면 고관절을 사용해, 바벨을 위로 밀어 올려 랙에서 바벨을 뽑는다. 뒤로 몇 걸음 걸어 나온다. 랙에서 나올 때는 항상 뒤로 걸어 나와야 한다. 만약 앞으로 걸어 나오면, 나중에 바벨을 랙에 다시 걸어놓을 때 뒷걸음질로 돌아가야 한다. 특히나 무거운 무게를 들고 나서 지쳐 있을 때는 스쿼트 랙의 걸쇠가 어디 있는지 제대로 볼 수 없고, 바벨을 안전하게 내려놓을 수가 없기 때문에, 이는 매우 위험한 행동이다.

바벨이 안정적으로 등 위에 올라갔으면, 이제 스쿼트를 할 수 있도록 토대를 튼튼히 다져주자. 본인의 신체는 언제나 완벽하게 컨트롤할 수 있어야 하고, 바벨은 등 위에서 절대로 움직이지 않아야 한다. 이제 스쿼트를 할 준비가 끝났다.

하강

스쿼트 스탠스는 언제나 균형이 잘 잡혀 있으면서 동시에 최대 깊이까지 앉을 수 있는 넓이가 되어야 한다. 파워리프팅 시합에 나가는 사람들은 일반적인 경우보다 더 넓은 스탠스를 사용한다. 발끝을 벌리는 각도는 개개인의 신체구조와 모빌리티에 따라 다르다. 일반적인 가이드라인은 발끝이 조금 밖으로 벌어지는 10~20도 정도이다.

다음으로 엉덩이를 조이고, 무릎은 발과 방향을 맞춰준다. 다시 한 번 크게 숨을 들이쉬고, 배에 펀치를 맞을 것처럼 코어를 강하게 조인다. 마지막은 후면사슬(둔근과 햄스트링)을 개입시키는 것이다. 고관절은 뒤로 밀어내고, 가슴은 앞쪽으로 가져온다. 고관절이 개입되었으면, 스쿼트를 시작한다. 언제나 자신의 움직임을 컨트롤하면서 내려간다. 어떤 특정 깊이까지 내려가겠다는 생각은 하지 않는다. 그냥 주저앉는 것으로 충분하다.

바닥 자세

이 세상에 동일한 스쿼트는 단 한 개도 없지만, 바벨만큼은 언제나 미드풋에 맞춰야 한다. 이것은 스쿼트의 절대 원칙이다. 등 하부에 짊어진 바벨을 미드풋에 맞추려면, 다른 스쿼트들과 비교해 가슴을 무릎 위쪽으로 더 많이 숙여야 한다. 키, 몸무게, 다리 길이 등 여러 신체 구성요소에 따라, 사람마다 몸통을 기울이는 정도가 달라진다. 어떤 사람들은 비교적 곧게 선 상체각이 나올 것이고, 어떤 사람들은 더 많이 기울어진 상체 각이 나올 것이다.

마크 리피토는 『스타팅 스트렝스』에서 로우바 스쿼트에 생기는 대부분의 균형 문제는 대개 상체 각도가 너무 수직에 가깝게 서 있기 때문이라고 말한다.[6] 스쿼트에서 균형이 깨진다고 느껴지면, 엉덩이를 뒤로 충분히 더 빼면서 앉고, 가슴은 앞으로 확실하게 숙이도록 해야 한다. 로우바 스쿼트의 최하단부 바닥 자세에서는 무릎이 앞으로 많이 나가지 않는다. 로우바 스쿼트는 태생적으로 프런트나 하이바 스쿼트에 비해, 후면사슬(햄스트링과 둔근)에 더 많은 부하를 준다. 로우바 스쿼트는 엄청난 수준의 발목 모빌리티를 요구하지 않기 때문에, 파워리프터들은 역도 선수들처럼 뒷굽이 높은 역도화 같은 신발보다는 컨버스 척테일러처럼 밑창이 평평한 신발을 주로 신는다.

상승

로우바 스쿼트의 상승 구간에서는 힙 드라이브가 가장 중요하다. 스쿼트의 최하단부 자세에서 엉덩이를 그대로 위로 밀어 올린다. 바벨이 발가락을 따라 앞쪽으로 밀려나오지 않도록, 반드시 가슴도 같이 위로 밀어 올리도록 한다. 그렇지 않으면 고관절만 너무 과하게 올라오고, 상체는 앞으로 기울어진 상태로 남게 된다. 그러면 많은 경우, 바벨이 본래 따라가야 할 궤적을 벗어나서, 발가락을 따라 앞쪽으로 움직이게 된다. 이 자세는 등 하부에 과한 부담을 주며, 부상을 당하기 쉬워진다.

로우바 스쿼트 시퀀스

1. 바벨을 등 중앙의 선반에 꽉 박아 넣는다. 어깨 근육(후면 삼각근) 바로 아래쪽이다.
2. 안정적인 발바닥 삼각대를 만든다.
3. 고관절에서 외회전 토크를 만들어준다. (큐: 엉덩이 조이고)
4. 크게 숨을 들이마시고 강하게 조여서 상체를 견고하게 한다. (큐: 들이마시고, 코어 조이고)
5. 후면사슬을 개입시키기 위해, 고관절을 접어준다. (큐: 엉덩이 뒤로)
6. 바벨은 항상 미드풋을 유지하여 균형을 잡는다.
7. 힙 드라이브를 사용해 바닥에서 올라온다. (큐: 엉덩이, 가슴 위로)

프런트 스쿼트

사람들은 백스쿼트를 '모든 운동의 왕'이라고 표현하지만, 그만큼 중요한 것이 프런트 스쿼트다. 다른 수많은 바벨 운동들이 그렇듯, 이 운동 역시 잘못된 형태로 하는 사람들이 많다.

시작하기 전에

완벽한 프런트 스쿼트는 랙에서 시작된다. 바벨은 어깨 높이에 세팅한다. 경험이 없는 사람은 랙을 너무 높게 세팅한다. 이렇게 하면 바벨을 뽑을 때 과신전을 하게 된다. 처음이야 괜찮지만 고중량에서는 위험할 수 있다.

다음은 바벨을 가슴 위에 올바르게 올려놓는 것이다. 바벨은 어깨너비로 잡는다. 역도나 크로스핏을 하는 사람이라면, 클린과 똑같은 넓이로 잡으면 된다. 이 자세에서 몸을 바벨 아래로 잡아당기면서 동시에 가슴은 천장을 향해 밀어 올린다. 이때 팔꿈치는 할 수 있는 한 최대한 높게 들어 올린다.

제대로 되면 어깨와 가슴 꼭대기에 바벨을 올려둘 수 있는 선반이 생긴다. 팔꿈치를 들면 등 상부는 더욱 견고해지고, 리프팅 내내 상체를 곧게 세워 유지하는 데 도움이 된다. 팔꿈치가 아래로 떨어지면 등 상부가 동그랗게 말릴 수 있다. 그러면 고중량에서 바벨을 떨어뜨릴 확률이 높아지고, 부상의 위험 역시 증가한다.

어깨나 흉추(등 상부) 모빌리티에 문제가 있는 경우, 팔꿈치를 높게 들지 못할 수도 있다. 바벨을 손으로 제대로 쥐지 못하고 손가락이 닿아만 있는 정도더라도, 팔꿈치만 높게 들어줄 수 있다면 허용범위라 하겠다.

이렇게 하면 어깨 위에 안정적으로 바벨을 올려둘 수 있다. 프런트 스쿼트를 처음 하는 사람들은 본인의 모빌리티가 충분하지 않은데도, 무리해서 바벨을 손에 쥐고 있으려 하는 경우가 있다. 그러면 시간이 지나면서 점점 손목과 팔꿈치에 무리한 부담을 주어 고통을 불러올 수 있으며, 고중량에서 부상으로 이어질 수도 있다.

이제 랙에서 바벨을 뽑아보자. 바벨 밑으로 들어가서, 어깨너비로 발을 벌린다. 크게 숨을 들이마시고 코어를 조여주자. 양쪽 다리에 무게가 균등하게 배분되는 것을 느끼면서, 고관절과 무릎을 동시에 펴서 바벨을 지고 일어선다.

바벨을 뽑기 전에는 반드시 가슴에 공기를 채우고 브레이싱을 한다. 특히 고중량에서는 더더욱 그렇다. 크게 숨을 들이마시고 브레이싱을 해주면 무거운 바벨이 조금 더 가볍게 느껴진다. 숨을 크게 들이마셔서 코어를 안정화해주면, 무게에 짓눌려 무너지지 않으면서도 엄청난 무게를 들 수 있다.

하이바 스쿼트에서 그랬듯 프런트 스쿼트 역시 시선은 정면 또는 살짝 위를 바라보도록 한다. 이렇게 하면 리프팅 과정에서 목에 불필요한 부담이 걸리는 것을 방지할 수 있다.

하강

바벨이 어깨 위에 고정되었으면, 흔들리지 않도록 천천히 뒤로 세 발 물러난다. 편안하고 안정적인 위치에 발을 놓는다. 발의 위치는 하이바 백스쿼트에서 했던 것과 같은 자세를 따라하면 된다. 발끝은 바깥쪽으로 살짝 벌어져도 되며, 스탠스는 편안한 넓이로 벌려준다. 모든 사람은 각자의 신체구조와 모빌리티 수준이 다르기 때문에 스탠스 넓이는 개인에 따라 조금씩 다르다.

하강하기 전, 발로 튼튼한 토대를 만들어준다. 엉덩이를 조여서 무릎이 발과 정렬을 맞추어 움직이도록 한다. 숨을 '뱃속으로' 들이마시고, 코어 근육을 조여 등을 견고하게 만든다.

프런트 스쿼트에서의 올바른 힙 힌지는, 엉덩이를 뒤로 아주 살짝만 밀어주는 것이다. 힙 힌지를 통해 몸의 파워하우스, 즉 후면사슬의 대둔근을 개입시킬 수 있다. 고관절을 뒤로 살짝 접어줌으로써 바벨을 미드풋 위에 유지시킬 수 있고, 몸의 전체적인 균형도 유지할 수 있다. 고관절이 뒤로 움직이는 정도는 하이바 스쿼트에서 했던 것보다 더 조금만 움직여야 한다.

균형이 깨졌다

프런트 스쿼트에서 무릎이 먼저 움직여야 한다는 것은 오해다. 이 오해 때문에 많은 사람들이 무릎 관절에 과부하를 주고, 그로 인해 무게중심이 깨지며, 결과적으로 더 무겁게 들 수 있었던 본인의 잠재력을 발휘하지 못하게 된다. 고관절이 개입되는 동안 무릎이 계속 구부러져 있는 것은 맞지만, 무릎이 시작부터 먼저 앞으로 나가서는 안 된다.

균형이 깨졌다

무릎부터 움직이는 경우

바닥 자세

프런트 스쿼트의 바닥 자세는 하이바 스쿼트와 매우 비슷하다. 바벨을 어깨 위에 올려놓고 유지하려다보면, 상체의 각도가 상당히 수직에 가깝게 된다.

앉는 깊이는 사람마다 본인이 하는 운동 종목과 그 목표에 따라 달라진다. 가령 미식축구나 야구를 하는 사람이라면, 패럴렐까지만 앉아도 충분하다. 패럴렐이란 고관절의 접히는 부분이 무릎과 평행한 높이라는 뜻이다.

역도나 크로스핏을 하는 사람이라면, 최대한 깊게 내려가야 한다. 딥스쿼트 포지션에서 클린과 스내치를 받아내야 하는 종목이므로, 최대한 깊게 앉아야 필요한 근력을 발달시킬 수 있을 것이다.

딥스쿼트 포지션에서는 필연적으로 무릎이 발끝을 넘어서 앞쪽으로 나간다. 인간의 신체는 다음의 두 조건만 만족하면 무릎이 발끝을 넘어가도 상관이 없다. 첫 번째, 이 자세를 취할 때 무릎이 너무 일찍부터 앞으로 움직여서는 안 된다. 두 번째, 적절한 훈련 프로그램에는 적절한 휴식이 필요하다. **무릎이 앞으로 '나가는 것'에 신경 쓸 것이 아니라, 무릎이 앞으로 '나갈 때' 더 신경을 써야 한다.**

상승

안정적인 바닥 자세를 만들었으면, 이제 일어나 보자. 일어날 때는 상체를 곧게 세워서 유지하는 것이 중요하다. 아직 경험이 부족한 사람들은 이때 등 상부가 동그랗게 말리곤 한다.

많은 코치들이 상승 구간에서 팔꿈치를 치켜들라는 큐를 사용한다. 이것은 어느 정도 선에서는 매우 유용한 큐다. 또 '가슴을 위로'라는 큐도 사용한다. 올바른 프런트 스쿼트는 팔꿈치를 높이 치켜든 채로 상체가 곧게 서 있어야 한다. 둘 중 하나라도 놓친다면 등 상부가 굽을 수 있고, 이는 부상으로 이어질 수 있다.

프런트 스쿼트 시퀀스

1. 바벨을 가슴과 어깨 위에 단단하게 고정하고, 팔꿈치를 높이 치켜든다.
2. 안정적인 발바닥 삼각대를 만들어준다.
3. 고관절에서 외회전 토크를 만들어준다. (큐: 엉덩이 조이고)
4. 크게 숨을 들이마시고, 강하게 조여서 튼튼한 상체를 만들어준다. (큐: 숨은 크게 마시고, 코어 조이고)
5. 고관절을 살짝 접어서 후면사슬을 개입시킨다. 상체는 수직으로 선 자세를 유지한다. (큐: 엉덩이 뒤로 살짝)
6. 스쿼트를 하는 동안 바벨을 미드풋에 유지시켜서 균형을 잡는다.
7. 곧게 선 가슴을 유지하고, 팔꿈치를 높게 치켜든다. (큐: 가슴은 위로!)

오버헤드 스쿼트

21세기 이전까지 오버헤드 스쿼트는 역도 선수들이 주로 하던 운동이었다. 이제 막 시작하는 선수들에게 올림픽 역도 코치들이 처음 운동을 가르칠 때 썼던 것이 오버헤드 스쿼트였다. 오버헤드 스쿼트는 바벨 스내치의 최하단부 바닥 자세를 강화하는 데 쓰인다.

최근 크로스핏이 인기를 얻으면서, 오버헤드 스쿼트를 하는 사람이 많아졌다. 이제 오버헤드 스쿼트는 여러 운동 종목에서 꾸준히 훈련하는 운동이 되었고, 심지어 대회에서 쓰는 경우도 생겼다.

오버헤드 스쿼트를 올바르게 수행하려면, 반드시 높은 수준의 협응력, 밸런스, 모빌리티가 갖춰져 있어야 한다.

바벨 vs PVC 파이프

경험이 부족한 사람이나 오버헤드 스쿼트를 처음 배우는 어린 아이들의 경우, 바벨이 너무 무거울 수 있다. 그래서 바벨 대신 가벼운 PVC 파이프나 빗자루 같은 것을 사용하기도 한다.

다음의 간단한 방법을 통해 아무 표시가 없는 PVC 파이프에서 올바른 그립너비를 찾을 수 있다. 곧게 서서 팔꿈치를 몸 바깥쪽으로 끌어당긴다. 그러면 팔이 90도로 꺾인 L자가 된다. 이때의 왼손과 오른손의 거리를 측정하여, 이 거리를 PVC 파이프에 표시한다. 이 지점에 검지손가락이 오도록 잡으면 그것이 올바른 오버헤드 스쿼트의 그립너비이다.

바벨로 넘어갈 때는 보통 바벨의 양쪽 끝에서 몇 인치(1인치=약 2.5cm) 정도 떨어진 곳을 잡게 된다. 이 위치는 바벨 스내치를 할 때와 똑같은 그립이다. 팔이 긴 사람은 바벨 칼라 근처로 거의 바벨의 양쪽 끝을 잡을 것이고, 팔이 짧은 사람은 바벨의 바깥쪽 눈금 정도를 잡게 될 것이다.

셋업

먼저 바벨을 등 위에 짊어진다. 하이바 스쿼트의 시작 자세와 동일하다. 바벨을 랙에서 뽑은 이후, 오버헤드 포지션으로 바벨을 들어 올려야 한다. 바벨의 무게에 따라, 그리고 사람마다 선호에 따라 다르지만 여기에는 여러 방법이 있다.

보통 처음 오버헤드 스쿼트를 배울 때는, 대부분의 코치들이 간단하게 푸시프레스로 들어 올리는 방법을 가르칠 것이다. 숙련자들의 경우, 고중량에서는 푸시저크나 스플릿저크로 들어 올리는 것을 추천한다.

푸시프레스를 할 때는, 팔꿈치를 바벨 아래쪽으로 당겨야 한다. 그러면 팔꿈치가 바벨을 위로 밀어 올리기에 좋은 위치에 온다. 이때 손은 스내치 그립너비로 잡는다.

숨을 크게 들이마시고, 그대로 숨을 참는다. 배에 펀치 맞는 것을 상상하면서, 코어 근육을 강하게 조인다. 살짝 앉았다가 (딥) 밀어내면서 바벨을 머리 위로 밀어낸다.

상체를 수직으로 유지하면서, 고관절을 곧장 아래로 몇 인치 정도 떨어뜨린다. 이때 등을 수직으로 유지하는 큐는 '등이 벽을 따라 아래로 미끄러져 내려가는' 것을 상상하는 것이다. 만약 이때 고관절이 뒤로 움직여버리면, 가슴이 앞으로 밀려나간다. 그러면 바벨을 앞쪽으로 밀게 될 것이고, 제대로 된 오버헤드 포지션이 나오지 않는다.

균형이 깨졌다

컨트롤하면서 아래로 살짝 내려가는 딥 구간에서, 무릎은 발과 올바른 정렬을 유지하고 있어야 한다. 그래야 머리 위로 바벨을 밀어낼 때, 다리가 만들어낸 파워를 팔까지 효율적으로 전달할 수 있다.

만약 딥 과정에서 무릎이 안쪽으로 무너지면 다리가 만들어내는 강력한 힘을 위쪽으로 전달할 수 없다. 딥이 끝남과 동시에 고관절, 무릎, 발목을 강하게 펴면서 바벨을 위로 쭉 밀어낸다.

바벨은 목 바로 뒤, 위쪽에서, 안정적인 오버헤드 포지션으로 안착해야 한다. 머리를 앞쪽으로 너무 멀리 밀어내지 않도록 주의한다. 그랬다가는 가슴이 과하게 앞으로 기울어지면서, 균형이 깨질 것이다.

바벨을 머리 위에 견고하게 유지하려면, 팔꿈치는 완벽하게 락아웃되어야 한다. 팔꿈치가 완벽하게 펴지지 않으면, 바벨이 고정되지 않고 휘청거릴 것이다.

오버헤드 포지션에서 바벨은 손바닥 가운데 올라와 있어야 한다. 이때 손목은 살짝 신전되어야 한다. 이 자세는 손목 관절에 과한 부담을 주지 않는 안정적인 자세다. 오버헤드 스쿼트를 하는 동안, 손목이 곧게 뻗은 중립 상태가 되지 않도록 주의한다.

신전된 손목

중립 상태의 손목

시선은 살짝 위를 보거나, 정면을 응시한다. 이 자세는 목을 중립 상태로 유지하여, 불필요한 부담을 없애준다. 너무 과하게 위를 쳐다보거나 아래쪽을 보면 몸의 균형이 깨질 수 있다.

하강

바벨을 머리 위로 들어 올렸으니 이제 앉을 차례다. 고관절을 뒤로 살짝 밀어서 후면사슬을 개입시킨다. 엉덩이로 뒤꿈치 위에 앉는다는 상상을 해보자. 이 큐를 통해 과한 힙 힌지를 막고, 균형이 깨지는 것을 방지할 수 있다. 하강 과정을 잘 컨트롤하면서 풀스쿼트까지 앉는다.

　　균형과 안정성을 유지하기 위해, 바벨은 항상 미드풋 위에 정렬되어 있어야 한다. 잘못하면 부상으로 이어질 수 있기에 올바른 테크닉은 아무리 강조해도 지나치지 않다. 불안정하다고 느껴지면 언제든 바벨을 앞이나 뒤로 밀어내서 바닥으로 던지도록 한다. 앞뒤 어느 쪽으로 던지든 둘 다 안전한 선택지이며, 오버헤드 스쿼트를 할 때는 언제든 범퍼 플레이트 원판을 사용할 것을 추천한다. 이때 항상 주위를 잘 확인하도록 한다.

바닥 자세

가장 깊이 앉았을 때, 무릎이 발가락 위쪽을 따라 앞으로 움직일 수 있어야 한다. 그래야 상체를 수직으로 유지하면서, 머리 위로 바벨을 들고 있을 수 있다.

상승

고관절과 가슴은 둘 다 같은 비율로 올라와야 한다. 만약 고관절만 더 빠르게 올라오고 가슴이 앞쪽에 남아 있으면 바벨이 발가락을 따라 앞으로 움직이고, 결국 바벨을 떨어뜨리게 된다.

안정적으로 일어섰으면 등 상부의 선반에 바벨을 컨트롤해서 천천히 내려놓는다. 바벨을 너무 빠르게 내려놓으면 목에 심각한 부상을 입을 수 있다. 바벨이 무거운 경우 살짝 앉으면 바벨을 받을 때의 충격을 줄일 수 있다.

오버헤드 스쿼트 시퀀스

1. 안전한 시작 자세를 만들어준다. 바벨은 하이바 스쿼트에서처럼 상부 승모근 위에 올라가 있어야 하고, 팔꿈치는 바벨 아래로 당겨져 있어야 한다.
2. 크게 숨을 들이마시고 그대로 참아서 튼튼한 몸통을 만들어준다. (큐: 들이마시고, 코어 조이고)
3. 살짝 앉았다가 바벨을 머리 위로 밀어낸다. (큐: 벽으로 미끄러졌다가, 위로 강하게)
4. 바벨을 안정시킨다. (큐: 천장으로 밀고, 팔꿈치 락아웃)
5. 고관절을 살짝 접어서 후면사슬을 개입시킨다.
6. 전체 과정 내내 바벨을 항상 미드풋 위에 위치시켜서 균형을 맞춘다.
7. 고관절과 가슴은 항상 똑같은 비율로 올라오도록 한다.

Notes

1.   J. J. Crisco, M. M. Panjabi, I. Yamamoto, and T. R. Oxland, "Stability of the Human Ligamentous Lumbar Spine. Part II: Experiment," *Clinical Biomechanics* 7 (1992): 27 – 32.

2.   P. Kolar, J. Neuwirth, J. Sanda, et al., "Analysis of Diaphragm Movement during Tidal Breathing and during Its Activation while Breath Holding Using MRI Synchronized Spirometry," *Physiological Research* 58 (2009): 383 – 92.

3.   D. A. Hackett and C-M. Chow, "The Valsalva Maneuver: Its Effect on Intra-abdominal Pressure and Safety Issues During Resistance Exercise," *Journal of Strength and Conditioning Research* 27, no. 8 (2013): 2338 – 45.

4.   S. G. Grenier and S. M. McGill, "Quantification of Lumbar Stability by Using 2 Different Abdominal Activation Strategies," *Archives of Physical Medicine and Rehabilitation* 88, no. 1 (2007): 54 – 62.

5.   J. Cholewicki, K. Juluru, and S. M. McGill, "Intra-abdominal Pressure Mechanism for Stabilizing the Lumbar Spine," *Journal of Biomechanics* 32, no. 1 (1999): 13 – 17.

6.   M. Rippetoe, *Starting Strength: Basic Barbell Training*, 3rd ed. (Wichita Falls, TX: The Aasgaard Company, 2011).

Chapter 3

개별 관절 접근법*

이 장에서는 인간의 신체를 이해하는 데 시사하는 바가 많으며, 영향력이 컸던 내용을 다룰 것이다. 바로 개별 관절 접근법이다. 시작하기 전에, 이 개념은 새로운 것도 아니거니와 내가 만들어낸 것도 아니라는 점을 짚고 넘어가고 싶다. 이 개념은 물리치료사 그레이 쿡과 스트렝스 코치 마이크 보일이 그동안 관찰했던 내용과, 그들이 훈련시켰던 선수들의 이력에 기초해 만들었다. 이 개념에 대해서는 그들이 자세하게 서술한 적이 있으니, 따로 찾아볼 것을 강력히 추천한다.**

간단하고 직관적인 이들의 개념은 우리들이 코치, 의료계 종사자, 그리고 운동인으로서 인간의 신체를 바라보는 방식에 대변혁을 가져왔다. 이 철학은 내가 물리치료학 박사로서 환자들에게 접근하고, 치료하는 데에도 큰 영향을 주었다. 이 장에서는 개별 관절 접근법이라는 개념을 다루고자 한다. 이 개념이 스쿼트와 어떻게 연관되어 있는지를 알아보자.

인간의 움직임은 너무나 복잡해서 수백 개의 얽히고설킨 근육들이 동시에 움직이는 오케스트라에 빗대어 설명한다. 어떤 근육들은 움직임을 만들어내고, 어떤 근육들은 움직임을 안정시키거나 또는 움직임을 막기도 한다. 오케스트라가 하나가 되어 템포를 바꾸고 음악을 만들어내듯이, 신체 역시 하나가 되어 통일된 방식으로 움직여야 한다.

우리의 몸은 효율적인 움직임을 만들어내기 위해서 각각의 관절마다 제각기 특정한 기능과 목적을 갖고 있다. 관절 위에 관절이 쌓여 있는 일련의 형태에서, 가동성 관절과 안정성 관절이 서로 번갈아 나타나는 경향성을 확인할 수 있다. 이때 각각의 관절들이 필요로 하는 것이 무엇인지를 이해한다면, 몸이 효율적인 움직임을 만들어내기 위해 어떻게 협동하는지, 통합적으로 연결

---

* 역주: 이 장은 그레이 쿡의 『움직임』 내용이 주가 된다. 앞 장에서는 Mobility라는 단어에 대해 모빌리티라는 원어를 그대로 사용했으나, 이 장에서만큼은 통일성을 위해 원 책의 번역인 '가동성'으로 번역한다. 또한 mobile, mobility 라는 단어가 계속해서 쓰인다. 그레이 쿡의 원저를 고려하여, 움직이는 관절을 지칭할 때는 가동성 관절로, 관절이 움직이는 능력을 말할 때는 가동성으로, 이 외에는 유연한 등으로 문맥에 따라 번역하였다.

** 역주: 『움직임(Movement)-검사 평가 교정 전략들』, 그레이 쿡 지음, 최하란·정건 옮김, 대성의학사(2013).
  『어드밴시스 인 펑셔널 트레이닝』, 마이클 보일 지음, 차민기·황현지·이재현 옮김, 대성의학사(2015).

해서 이해할 수 있게 된다.

먼저 몸의 작동 방식을 설명하는 두 가지 용어를 정의해보자.

- 가동성: 해당 관절 복합체가 전체 가동범위에 걸쳐서 아무런 제한사항 없이 자유롭게 움직일 수 있는 능력이다. 다시 말하면 특정 신체 분절을 자유롭게 움직일 수 있는 능력이라 할 수 있다.
- 안정성: 신체 다른 곳 어딘가에서 움직임이 일어나는 동안에, 관절 복합체가 스스로 기존의 자세나 위치를 가만히 유지할 수 있는 능력을 말한다. 간단히 말하면 몸의 특정 부분 움직임을 컨트롤할 수 있는 능력이다. 안정성이란 말은 운동 조절과 비슷한 말로 쓰이기도 한다.

이제 개별 관절 개념에 따라 각각의 관절이 필요로 하는 능력을 알아보도록 하자.

- 발 = 안정성
- 발목 = 가동성
- 무릎 = 안정성
- 고관절 = 가동성
- 요추 = 안정성
- 흉추 = 가동성
- 견갑골 = 안정성
- 어깨 = 가동성

앞의 분류는 그간 현업에서 일하는 사람들이 경험적으로 발견한 일반적인 경향성, 패턴, 문제들에 기초한 것이다. 우리는 부상을 당한 사람들이 대부분 유사한 가동성 및 안정성 문제를 갖고 있다는 점을 확인할 수 있었다. 현업에서의 경험들이 공통적으로 도달한 결론은 다음과 같다. 특정 신체 부위에서 충분한 가동성(모빌리티)과 안정성을 확보하지 못하면, 그 결과 움직임이 망가지고 부상을 입는다는 것이다.

자세히 설명하겠다.

- **발**은 움직이는 동안 불안정해지곤 한다. 그렇기 때문에 안정성과 운동 조절 능력의 개선이 도움이 된다. 최근 《영국 스포츠 의학저널British Journal of Sports Medicine》에 발표된 한 논문은 우리가 움직일 때 코어가 등 하부에 주는 안정성과, 이와 똑같은 종류의 운동 조절을 관장하는 발에 있는 작은 근육들의 역할을 비교했다.[1] 이 운동 조절은 인간의 모든 움직임들의 기반이 되는 발의 안정성을 만들어낸다. 올바른 신발을 신는 것도 물론 퍼포먼스와 부상에 큰 영향을 미치기는 하지만, 이와 별개로 발의 안정성이 좋아지면 도움이 될 것이 명확하다. 발에 안정성 문제가 있으면 곧바로 그 영향이 나타난다.

- **발목** 역시 가동성과 유연성이 좋아지면 도움이 된다. 많은 경우, 발목이 뻣뻣해지고 유연성을 잃으면 부상을 입는다. 특히 스쿼트 최하단부에서 무릎이 발가락 위쪽으로 갈 때의 움직임인 발목의 배측 굴곡에서 그렇다. 발목 관절 복합체가 뻣뻣하게 굳어버리면 곧바로 위아래의 무릎 관절과 발의 역할에 영향을 미친다.

- **무릎** 관절은 안정성이 좋아지면 도움이 된다. 스쿼트 자세를 제대로 잡으려면 무릎이 자유롭게 움직일 수 있어야 한다. 그러나 고통이 있는 사람들을 보면 대부분 무릎이 불안정하다. 특히나 스쿼트를 할 때 더욱 그렇다. 스쿼트를 할 때, 점프할 때, 달릴 때, 항상 무릎을 컨트롤할 수 있어야 한다. 무릎은 부상을 피하기 위해 반드시 올바르게 정렬이 되어 있어야 한다(안정성). 수많은 부상들은 무릎이 발 위에서 정렬을 유지하지 못하고 안쪽으로 무너질 때 발생한다.

- **고관절**은 쉽게 뻣뻣해지고 굳어버리기 때문에 가동성을 늘려주면 큰 도움이 된다. 고관절이 굳어버려서 가동성을 잃고 제대로 움직이지 못하면, 바로 위아래에 인접한 관절 복합체(등 하부, 무릎)에 직접적인 영향을 미치게 된다. 우리 주위에 너무나 흔한 수많은 요통들은 사실 고관절 가동성 부족이 원인이다.[2] 그렇기 때문에 고관절 가동성 문제를 해결하지 않으면, 아무리 코어 강화나 안정성 운동을 해주더라도 요통은 계속될 것이다.

- **등 하부**(요추)는 안정성을 요하는 관절 복합체다. 나는 요추가 안정성을 잃은 상태를 매우 많이 보았다. 우리의 몸은 그 보상작용으로 뻣뻣해지고, 근력이 감소하며, 그 결과 통증이 나타난다. 스쿼트만 놓고 볼 때, 안정적인 요추는 필수조건이며, 그렇지 못할 경우 부상의 위험을 안고 있는 것이다. 여기서 말하는 안정성이란 단순히 플랭크나 윗몸일으키기를 하는 것과는 상관이 없다. 스트렝스와 안정성은 분명 다른 것이다. 강력한 코어와 안정적인 척추는 관절에서 일어나는 과도한 움직임을 방지해준다.

- **중앙-상부 등**(흉추)은 가동성을 필요로 하는 관절 복합체다. 이곳은 중요한 장기들을 보호하고 있는 갈비뼈가 만들어낸 지지력 덕분에 태생적으로 매우 안정적이다. 그러나 흉추 가동성과 유연성을 최대한 개선해줌으로써 이득을 볼 수 있다. 대부분의 사람들은 하루 종일 직장에서 너무 오래 앉아서 일하는 데다가, 컴퓨터와 스마트폰 사용으로 인해 흉추가 굳어 있다. 대다수의 미국인들은 자세가 엉망이다. 안 좋은 자세는 오버헤드 스쿼트, 스내치/저크 같은 고난도 움직임의 수행능력을 떨어뜨린다. 나쁜 자세와 뻣뻣한 흉추가 어깨 충돌이나 기타 다른 어깨 부상을 유발할 수 있음은 물론 말할 필요도 없다.

위의 과정은 몸을 따라 위쪽으로 올라가면서 계속되는데, 여기서 간단한 패턴이 교대로 나타나는 것을 발견할 수 있다. 안정성 관절이 가동성 관절 위에 나타나는 것이다. 가동성 관절이 제대로 움직이지 못하면, 이에 대한 보상작용으로 그 위나 아래에 있는 안정성 관절이 스스로의 안정성을 포기하고, 가동성을 확보하기 위해 움직임을 띠게 된다. 바로 이렇게 부상이 발생하는 것이다. 개별 관절 접근법의 간단한 형식 덕분에 우리는 인간의 신체를 조금 더 깊은 범위까지 이해할 수 있게 되었다.

최근 선수들의 훈련 방법과 부상 후 재활 과정에는 큰 변화가 있었다. 과거 훈련과 재활의 패러다임은 몸의 한부분에 온전히 집중하는 식이었다. 우리의 몸을 현미경으로 들여다보고 있었던 것이다. 보디빌딩의 황금기와 함께 아놀드 슈워제네거처럼 되고 싶다는 대중의 열망에 힘입어, 사람들은 '등과 이두', '가슴과 삼두'를 훈련했다. 이런 마음가짐은 더 큰 근육과 더 강해지는 것이 퍼포먼스 증가로 연결될 것이라는 사고방식에 잘 나타난다. 등을 다친 사람들은 물리치료사를 찾아가서는, 침대에 누워서 몇 시간씩 코어 운동을 했다. 치료사들 역시 제한된 발목 관절의 가동성이 코어 안정성의 부족과 연결되어 있을 것이라고는 거의 생각하지 못했다. 그러나 결국에는 더 현명한 접근법들이 나타나기 시작했다. '근육이 아니라 움직임을 훈련하라'는 생각이 스포츠 트레이닝과 재활 영역에 퍼지기 시작했다.

요즘의 선수들은 파워클린과 백스쿼트를 통해 폭발적인 움직임을 훈련한다. 등을 다친 선수들의 복귀 과정에서 물리치료사들은 스쿼트나 런지 같은 다양한 움직임 패턴들을 사용해, 핵심적인 안정성 원칙들을 가르치는 데 대부분의 시간을 투자한다. 이제 부상을 치료하기 위해서 아픈 곳의 위아래 관절들도 평가해야 한다는 것을 알게 되었다. 우리는 최적의 퍼포먼스와 부상 사이의 잃어버린 연결고리가 바로 인간의 움직임을 통합적으로 바라보는 데에 있다는 것을 깨닫기 시작했다. 이제야 현미경을 치우고, 움직임이라는 돋보기를 통해 바라보는 것이다.

나는 최근 종목을 막론하고 가장 흔한 부상 중 하나인 무릎 통증으로 고생하는 크로스핏 선수와 일을 한 적이 있다. 그녀는 고통 없이 달릴 수도 있었고, 줄넘기도 할 수 있었다. 그러나 바벨 스쿼트, 스내치, 그리고 피스톨 스쿼트를 할 때마다 고통을 느꼈다.

첫 미팅에서 나는 그녀에게 간단한 맨몸 움직임 두 가지를 시켰다. 맨몸 풀스쿼트와 피스톨 풀스쿼트였다. 곧바로 그녀의 움직임 기반에서 문제점을 발견했다. 간단히 말하면, 그녀는 올바른 테크닉으로 스쿼트를 할 수 없었다. 맨몸 스쿼트를 할 때는 발끝을 너무 과도하게 밖으로 틀었으며, 최하단부 바닥 자세에서는 무릎이 안쪽으로 말려들었다. 피스톨 스쿼트는 더욱 심각해서, 무릎이 안으로 무너지지 않고서는 패럴렐 깊이까지 앉지도 못했다.

애초에 이 사람의 움직임에 문제가 있었고, 그것이 고통을 유발했던 것이다. 무너진 움직임 패턴에 개별 관절 접근법을 적용함으로써, 다른 모든 것들과 전부 연결되어 있는 몇 가지 문제점들을 발견할 수 있었다.

- 뻣뻣한 발목
- 불안정한 무릎
- 굳어버린 고관절

위 문제점들의 조합이 무릎 통증으로 나타난 것이다. 개별 관절 접근법의 가장 중요한 의의는 우리가 신체를 바라보는 관점을 넓혀주었다는 것이다. 앞의 크로스핏 선수가 무릎이 아프다고 했을 때, 많은 코치나 트레이너들은 무릎 그 자체에만 집중했을 것이다. 의사들은 진통제를 주면서 쉬라고 했을 것이다. 치료사들은 폼롤러를 열심히 굴리고, 스트레칭과 냉찜질을 해주라고 했을 것이다. 위의 상황이 어딘가 익숙하게 들리지 않는가?

심지어 만일 무릎에 불안정성 문제가 있다고 인정하고, 안정성 훈련을 시작했더라도 효과는 오래가지 못했을 것이다. 이때의 안정성 훈련은 그녀가 다시 스쿼트, 클린이나 스내치를 할 때는 적용되지 않았을 것이기 때문이다. 무릎 위아래의 고관절과 발목의 모빌리티 문제가 모두 해결되기 전까지는, 우리가 사는 현실에서 그녀의 무릎은 절대로 완벽하게 안정되지 않을 것이었다. 그레이 쿡은 『움직임』에서 이렇게 말했다. "닭이 먼저냐, 달걀이 먼저냐가 문제가 아니다. 둘 모두를 동시에 해결하지 못한다면, 결국 둘 다 해결할 수 없다."

이제 이 장의 맨 앞에서 했던 비유로 돌아가보자. 몸의 움직임이란 수십 명으로 구성된 숙련된 오케스트라가 동시에 조화롭게 음악을 연주하는 것과 같다. 우리들이 고통에 반응하는 일반적인 방식은 바이올리니스트가 연주를 잘 못하니 바이올린 연주를 멈추라고 하는 것과 같다. 고통이란 마치 듣기 싫은 연주를 하는 악기처럼, 몸 어딘가가 제대로 움직이지 못하고 있다는 경고신호다. 고관절과 발목은 검사를 해보지도 않고, 진통제를 먹으면서 무릎에 얼음찜질을 하는 것은 마치 오케스트라에서 음이 맞지 않는다고 그 악기를 빼버리는 것과 같다. 그것은 문제를 해결하는 것이 아니라, 그저 잠시 덮어두는 미봉책일 뿐이다.

우리는 각각의 관절 복합체에게 주어진 특정한 역할이 있다는 것을 인정함으로써, 체계적인 접근 방법을 통해 어떻게 움직임이 망가지고 부상이 발생하는지를 이해할 수 있다. 그렇게 함으로써 고통에서 벗어나는 것은 물론이요, 움직임의 잠재력을 극대화하며 가능한 최대치의 퍼포먼스에 도달할 수 있게 된다. 큰 그림을 볼 수 있어야 한다. 어딘가 아플 때는 위아래의 관절을 확인해보기 바란다. 분명 놀라운 결과물을 발견하게 될 것이다.

Notes

1. P. O. McKeon, J. Hertel, D. Bramble, and I. Davi, "The Foot Core System: A New Paradigm for Understanding Intrinsic Foot Muscle Function," *British Journal of Sports Medicine* 49, (2015): 290.

2. S. M. Roach, J. G. San Juan, D. N. Suprak, et al., "Passive Hip Range of Motion Is Reduced in Active Subjects with Chronic Low Back Pain Compared to Controls," *International Journal of Sports Physical Therapy* 10, no. 1, (February 2015): 13 – 20.

Chapter 4

안정적인 발

이번 장에서는 대부분의 사람이 놓치고 있는 주제를 다룰 것이다. 바로 발이다. 발은 모든 기능적 움직임의 토대가 된다. 발은 나머지 신체가 믿고 움직일 수 있는 안정적인 플랫폼이 되어준다.

나는 사람들이 발을 올바르게 사용하지 못하는 모습을 자주 본다. 많은 코치들과 물리치료 사들은 움직임에 있어 발이 갖는 중요성을 놓치고 있다. 스쿼트를 하든, 런지를 하든, 달리기를 하든, 점프를 하든, 안정적인 발은 몸의 나머지가 효율적이고 강력한 움직임을 만들 수 있는 토대를 제공한다.

따라서 발을 이해하려면, 간단한 기본 사항을 다루고 넘어가야 한다. 먼저, 발은 본디 매우 유동적이다. 발에는 총 4개의 관절에 걸쳐, 25개가 넘는 뼈가 흩어져 있다. 그 덕분에 수많은 움직임을 수행할 수 있다. 따라서 근육들의 역할은 안정성을 만들어내는 것이다. 무거운 바벨을 랙에서 뽑기 위해 몸을 강하게 조이고 대비하는 그 순간, 우리의 유동적인 발은 동시에 안정적이어야만 한다.

스쿼트를 할 때 발은 안정성을 유지하면서, 동시에 자연스러운 아치를 유지할 수 있어야 한다. 발의 메인 아치를 보면, 이곳이 하체 나머지 전체와 연관되어 움직이는 것을 알 수 있다. 발목, 무릎, 고관절이 바깥쪽으로 움직이면, 발 전체가 완벽한 아치를 이룬다. 반대로 발목, 무릎, 고관절이 안쪽으로 무너지면, 발이 무너져서 아치가 사라지고 평발이 된다.

스쿼트를 시작하기 전, 고관절과 무릎의 정렬을 맞춰줌으로써 발의 자세를 조절할 수 있다. 하반신의 움직임들이 서로 연결되어 있다는 이 내용이 바로 이전 장에서 다뤘던 개별 관절 접근법의 예시이다. 인간의 움직임 사슬에서 하나의 연결점이 무너지면, 전체 구조가 영향을 받는다.

발바닥에 아치를 잘 만들어놓으면, 그 결과 발바닥 삼각대가 형성된다. 발바닥 삼각대는 뒤꿈치와 첫째 발가락의 뿌리, 그리고 다섯째 발가락의 뿌리, 세 곳으로 이루어진다. 발은 기본적으로 삼륜 오토바이와 같다. 스쿼트를 할 때 우리의 목표는 발의 아치를 유지하고, 삼륜 오토바이처럼 발의 세 지점에 무게를 균등하게 배분하는 것이다. 바퀴 전체가 땅에 닿아 있으면, 오토바이는 더 큰 힘을 낼 수 있다. 만약 바퀴 하나가 땅에서 떨어지거나 차체가 눌려서 주저앉으면, 힘이 새어나가는 것은 물론이요 오토바이도 망가진다. 발이 바른 자세를 유지하지 못하면(아치가 무너지면), 안정성과 힘을 잃어버린다.

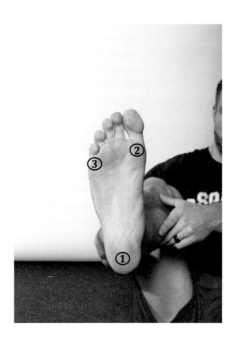

집에서 다음의 간단한 테스트를 해보자. 신발을 벗고 스쿼트 스탠스로 선다. 신발을 벗으면 발이 앞쪽을 바라보고 있을 것이다. 이때 발의 자세를 확인해보자. 삼각대 모두에 균등하게 무게가 실려 있는가? 발에 아치가 잘 살아 있는가 아니면 이미 무너져 있는가? 이 테스트의 목적은 발이 제대로 기능하는지 확인해보는 것이다.

이 자세에서 엉덩이 근육은 조여주고, 무릎은 양옆 바깥쪽으로 밀어내면서, 동시에 엄지발가락은 땅에서 떨어지지 않게 유지한다. 이제 발이 어떤 자세에 있는지 확인해본다. 뭔가 바뀌었는가? 무릎을 안정적인 위치에 놓아줌으로써, 자연스럽게 발을 올바른 위치로 맞출 수 있다.

스쿼트를 할 때, 단순히 무릎을 발과 정렬시킨다는 생각으로 끝나서는 안 된다. 발의 아치와 발바닥 삼각대를 유지하기 위해 최선을 다해야 한다. 여러분의 발을 튼튼하고 견고하게 유지해야 한다. 아치는 절대로 무너져서는 안 된다. 이제 느낌이 어떤가? 스쿼트가 더욱 안정적으로 느껴질 것이다.

맨몸 스쿼트 테스트를 통과했다면, 이번에는 피스톨로 다시 시도해보도록 한다. 피스톨은 맨몸 스쿼트보다 더욱 까다롭다. 이 테스트는 스쿼트나 피스톨을 할 때, 발이 어떤 자세를 취하고 있는지에 대한 우리의 인식 수준을 높이는 데 목적이 있다. 발의 형태가 어떻든 간에 안정적인 발을 유지하면서, 맨발로 양발과 한 발 스쿼트를 할 수 있어야 한다. 이것이 되지 않는다는 것은 움직임 기반 중 어딘가에 결함이 있다는 뜻이다. 이대로 두면 이 작은 결함이, 바벨 운동은 물론이고 필드에서의 다른 기술적인 움직임들도 망가뜨릴 것이다.

발의 자세가 개선되면, 다른 움직임에서 나타나는 많은 문제들도 자연스레 해결될 수 있다. 이전보다 더 안정적인 기반에서 움직이기 때문에, 자연스럽게 몸이 더 좋은 자세를 취하게 되기 때문이다. 그렇게 함으로써 움직임의 질이 좋아질 뿐만 아니라, 통증은 줄어들고, 퍼포먼스는 증가할 것이다. 이 모든 것이 움직임의 기반이 되는 발을 튼튼히 하는 것에서부터 시작한다.

Chapter 5

유연한 발목

발목 검사

지난 장에서는 스쿼트에 필요한, 적절한 안정성을 갖추기 위해 신체 맨 아래의 발부터 시작해서 발바닥 삼각대를 만드는 방법을 다루었다. 개별 관절 접근법을 생각해보면, 안정적인 발이 유연한 발목의 기초가 된다는 것을 알 수 있다. 이것이 바로 이번 장에서 다룰 내용이다.

가끔 삐끗하는 것을 빼면, 발목은 본디 꽤 안정적인 관절이다. 그러나 발목은 자주 굳고, 뻣뻣해지곤 한다. 발목의 역할은 움직임이다(모빌리티). 발목이 움직임 능력을 잃어버리면, 이것이 몸의 나머지에 영향을 준다. 발목 아래에 있는 발이 불안정해지고, 그 결과 발의 자연적인 아치가 무너진다. 발목 위에 있는 무릎이 불안정해지고, 무릎은 스쿼트를 할 때 이리저리 흔들리다가 안쪽으로 무너진다. 앞의 사례들은 어디까지나 굳어버린 발목이 만들어내는 즉각적인 영향만 다룬 것일 뿐이다. 최종적으로는 뻣뻣해진 발목이 나머지 몸 전체에 악영향을 준다. 모든 움직임 패턴들이 발목 때문에 본래의 균형을 잃고 망가질 수 있다.

풀스쿼트를 할 때 몸은 어느 정도 이상의 발목 모빌리티를 필요로 한다. 로우바 스쿼트를 하는 게 아니라면, 무릎이 발끝을 따라 앞쪽으로 움직일 수 있어야 한다. 이때 무릎이 앞으로 나오는 움직임은 발목이 만들어내는 것인데, 이 움직임을 배측 굴곡dorsiflexion이라고 한다. 발과 정강이를 따라 가상의 선을 그어주면, 배측 굴곡의 정도를 측정할 수 있다(다음 페이지 상단 그림 참조). 이 각도가 더 작거나, 닫혀 있을수록 더 큰 배측 굴곡이 일어나는 것이다. 많은 사람들이 이 동작이 제한되어 문제를 겪는다.

많은 경우, 뻣뻣한 발목은 스쿼트 문제의 원인이 된다. 스쿼트를 할 때 발끝이 앞쪽을 보게 하려고 노력하는데도 발끝이 바깥으로 벌어지는가? 스내치나 클린의 최하단부 바닥 자세에서 상체를 곧게 세워 유지할 수 있는가? 피스톨을 할 때마다 무릎이 안으로 무너지는가? 이 모든 문제들은 굳어버린 발목 모빌리티가 원인일 수 있다.

열린 발목 각도

닫힌 발목 각도

　이제 발목을 평가할 수 있는 간단한 방법을 알아보자. 이 검사는 당신의 발목이 완전한 수준의 모빌리티를 갖고 있는지, 아니면 움직임의 문제점이 신체 다른 부분의 문제로 인한 것인지를 알려준다.

　이 테스트는 하프닐링(반무릎) 배측 굴곡 검사라고 한다. 이 검사는 발목 가동성을 평가하는 연구에서 수없이 많이 쓰인 검사법이다.[1] 물리치료사 마이크 레이놀드 박사는 훈련받은 전문가 없이도 믿을 만한 결과를 낼 수 있다는 점에서 이 검사법을 적극 추천했다.

　맨발로 벽에 가깝게 붙어서 무릎을 꿇는다. 줄자로 벽에서부터 5인치(약 12.5cm) 떨어진 곳에 발가락 끝을 놓는다. 이 자세에서 무릎을 앞쪽으로 밀어서, 벽에 무릎을 댈 수 있는지 확인해 본다. 단, 이때 뒤꿈치는 항상 땅에 닿아 있도록 한다.

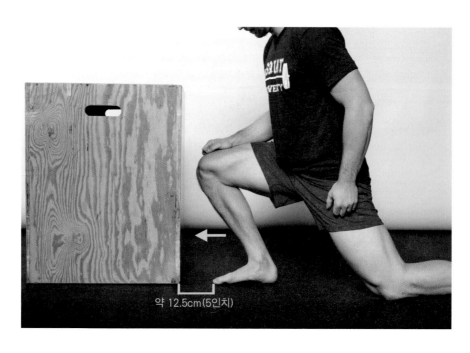

약 12.5cm(5인치)

움직임 체크리스트

	통과	실패	
	벽에서 5인치 또는 그 이상의 거리에서도 무릎을 벽에 댈 수 있다.	5인치 거리에서 무릎으로 벽을 건드릴 수 없다.	
	뒤꿈치가 바닥에 제대로 붙어 있다.	뒤꿈치가 바닥에서 떨어진다.	
	무릎과 발의 정렬이 맞는다.	벽을 건드리려고 하면 무릎이 안쪽으로 무너진다(외반슬).	
	통증이 없다.	통증이 있다.	

위의 네 가지를 모두 통과했는가? 5인치(약 12.5cm) 떨어진 거리에서, 무릎과 발이 정렬인 상태로 무릎으로 벽을 건드릴 수 있다면, 당신은 충분한 발목 모빌리티를 갖고 있는 것이다.[1]

그러나 만약 위의 조건 중 하나라도 통과하지 못했다면, 발목 배측 굴곡 모빌리티에 제한이 있다는 뜻이다. 원인은 연부조직 제한일 수도 있고, 관절 모빌리티 문제일 수도 있고, 심지어 둘 다 문제일 수도 있다.

개별 관절 접근법 덕분에 우리는 과거와는 다른 방법으로 신체를 평가할 수 있게 되었다. 언제나 움직임부터 먼저 평가하기 바란다. 한 발 피스톨이든, 두 다리 스쿼트든 문제를 발견하면, 앞에서 예로 들었던 하프닐링 배측 굴곡 검사와 같은 다양한 도구를 사용해 문제의 원인을 찾아낼 수 있다. 발목 모빌리티 문제를 다룸으로써, 움직임의 전반적인 질을 개선할 수 있다.

관절의 문제일까, 연부조직 문제일까?

이제 발목 모빌리티 검사 결과에 대해 얘기해보자. 검사 후 어떤 점을 발견했는가? 모든 항목을 통과했는가? 실패했어도 괜찮다. 당신도 그저 발목이 굳어버린 수많은 사람들 중 하나일 뿐이다. 중요한 것은 발목이 굳어버린 각기 다른 원인들을 이해하는 것이다. 그래야 문제를 올바르게 해결할 수 있기 때문이다. 어디에나 다 통하는 만병통치약 같은 처방은 없다.

뻣뻣한 발목은 대개 다음의 두 요소가 원인으로 작용한다.

1. 관절 제한
2. 연부조직 제한

관절 제한

관절 제한은 간단하게는 발목에 연결되어 있는 뼈들 사이의 공간이 좁아진 것으로 정의할 수 있다. 특히 뼈들이 서로 조화롭게 움직이지 못할 때 그렇다. 주로 관절 내부의 뼈돌기(골극)나 관절의 비정상적인 석회화가 원인이다.[3] 이들은 보통 발목을 삐었다거나 하는 과거 병력의 결과인 경우가 많다. 고령의 나이가 원인으로 작용할 때도 있다.

관절 제한은 주로 발목 관절의 충돌이라는 형태로 나타난다. 보통 발목 모빌리티 검사 때, 발목 앞쪽에서 '끼인다'거나 '막혀 있다'는 감각이 느껴진다.

『러너를 위한 해부학』에서, 물리치료사 제이 디채리는 위와 같은 제한들이 움직임 패턴을 바꿔버리는 것을 이렇게 비유한다.[4] 아래 사진과 같은 유럽식 회전 교차로를 지나갈 때는 직선으로 가로질러 갈 수 없다. 반드시 가운데의 섬을 따라 빙 돌아서 지나가야 한다.

내회전

발목 가동성이 충분한 경우, 경골이 발 위에서 자유롭게 움직일 수 있다. 이 경우는 차가 교차로를 곧장 가로질러 가는 것과 같다. 툭 튀어나온 뼛조각 부분은 회전교차로 가운데의 섬과 같은 역할을 한다. 이때는 차가 교차로에 진입하면, 반드시 가운데의 섬을 빙 돌아서 가야만 한다. 이처럼 정강이도 원래 가야 할 방향에서 벗어나면서, 안쪽으로 무너진다. 정강이가 뼈 돌기 부분을 돌아서 지나가야 하기 때문에, 무릎이 안쪽으로 당겨지는 것이다. 즉 움직임이 무너지는 것이다.

만약 발목 모빌리티 검사를 통과할 수 없었고, 발목 앞쪽에서 끼인다거나 막히는 느낌을 받았다면, 뼈 돌기가 길을 막고 있을 가능성이 있다. 이런 종류의 발목 경직을 해결하기 위해서는 발목 모빌리제이션이 필요하다.

연부조직 제한

연부조직 제한은 비복근, 가자미근, 후경골근 등의 근육과 근막이 연관되어 있다. 이 구조물들은 시간이 지남에 따라 굳고, 뻣뻣해질 수 있다. 좌식생활을 하거나, 하이힐을 자주 신으면 이 근육들이 굳고 타이트해질 수 있다.

결합 조직의 일종인 근막은 몸 전체를 따라서 짜여 있다. 근막은 머리끝부터 발끝까지 거미줄처럼 퍼져 있다. 근막은 뼈, 근육, 장기, 신경 등 거의 모든 것을 둘러싸고 있다.

좋은 테크닉으로 자주 움직여주면, 근육을 둘러싸고 있는 근막 역시 유연하고 탄성이 있는 상태로 유지된다. 근막을 현미경으로 들여다보면 직물과 같은 패턴으로 짜여 있다.[5] 이러한 직물 형태는 몸의 연부조직들이 서로 부드럽게 미끄러져 움직일 수 있게 해준다.

평소에 운동도 안 하는데다, 움직임 패턴마저 나쁘다면 직물 패턴이 꼬여버린다. 한때는 아름다운 패턴으로 잘 조직되어 있던 것이, 두 살배기 아기가 크레용으로 낙서한 것 같은 모양으로 변해버리는 것이다. 근막 섬유가 지저분하게 헝클어지는 것은 물론, 탄성도 잃고 더 이상 서로의 표면 위를 부드럽게 움직이지 못한다.[6] 이렇게 되면 자연스러운 유연성이 제한되고, 움직임 역시 방해를 받는다.

앞에서 뼛조각을 교차로에 비유했었다. 연부조직 제한은 교통체증과 같다. 무릎은 발가락 위를 따라 앞으로 움직이는데, 차가 꽉 막혀 있는 곳에 들어가니 그 자리에 서버릴 수밖에 없는 것이다. 이렇게 되면 몸은 다음의 둘 중 하나를 선택한다.

첫 번째는 무릎이 앞으로 움직이는 것을 멈추고, 대신 몸 다른 곳 어딘가가 움직이는 것이다. 스쿼트를 더 깊게 앉으려 할 때, 가슴이 무너지는 것이 바로 이 경우라고 볼 수 있다. 다른 선택지는 더욱 심각하다. 무릎은 저항이 가장 덜한 경로를 따라서 움직이려 하고, 그 결과 안쪽으로 무너진다. 이것은 차가 막히는 것을 피해가려고 차도를 벗어나 오프로드로 달리는 것과 같다. 발목이 안쪽으로 구르면, 무릎도 같이 끌어들이게 된다. 역시, 움직임이 무너진다.

이런 경우, 보통 발목 모빌리티 검사에서 종아리나 아킬레스건 쪽이 뻣뻣하고 당기는 느낌이 든다. 본인이 여기에 해당되는 것 같다면 다음의 두 가지 도구를 사용해서 해결할 수 있다. 바로 스트레칭과 폼롤러다.

모빌리티 코너

발목 모빌리티 개선 방법에는 여러 가지가 있다. 여기서는 내가 가장 좋아하는 세 가지 과정을 소개한다.

1. 모빌리제이션
2. 폼롤러
3. 스트레칭

발목 모빌리제이션

가장 먼저 관절 모빌리티의 제한사항을 다뤄야 한다. 발목 모빌리티 검사에서 발목 앞쪽에 '끼인다거나' '막히는' 듯한 기분이 들었다면 대개 관절 모빌리티에 제한이 있다는 것을 뜻한다. 이 문제는 기존의 스트레칭이나 폼롤러와 같은 방식을 통해 저절로 나아지지 않는다. 따라서 발목 모빌리티 검사에서 끼이는 느낌을 받았다면, 혹시나 있을지 모르는 연부조직 경직 문제를 다루기 이전에 이것부터 먼저 해결해야 한다.

　　모빌리티가 제한되는 관절에 직접 움직임을 만들어줄 수 있는 가장 쉬운 방법 중 하나는 밴드 모빌리제이션이다. 밴드의 고무재질은 유연하고 탄성이 있으면서, 단단한 관절낭을 다루기에도 충분히 튼튼하다.

　　밴드 모빌리제이션은 뼈들이 서로 미끄러져 움직이는 것을 도와준다. 관절 활주는 바꾸려 하는 특정 범위의 움직임을 스스로 능동적으로 만들어내려고 노력해야 유지할 수 있다. 스쿼트를 할 때 발목을 보면 거골은 뒤쪽으로, 경골은 앞쪽으로 움직이면서 배측 굴곡이 일어난다. 발목 모빌리티를 개선해 배측 굴곡을 늘리려면, 고무밴드가 거골을 뒤쪽으로 당겨주도록 해야 한다.[7,8] 가끔 발목의 너무 위쪽에 밴드를 차는 경우가 있다. 경골을 뒤로 당기는 것은 우리가 하려는 것과 정반대 행동을 하는 것이니 주의해야 한다.

　　이런 종류의, 움직임을 동반한 모빌리제이션은 물리치료사들이 오랫동안 사용해왔던 방법이다. 우리의 목적은 관절 깊숙한 곳에서 느껴지는 통증이나, 집히는 느낌 등을 완화하는 것이다.

올바른 위치

잘못된 위치

인간의 발을 구성하는 뼈

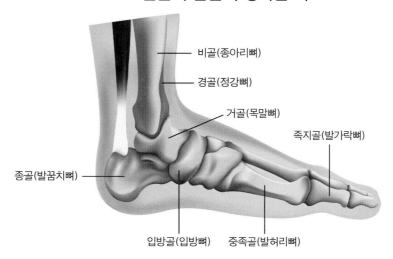

비골(종아리뼈)

경골(정강뼈)

거골(목말뼈)

족지골(발가락뼈)

종골(발꿈치뼈)

입방골(입방뼈)

중족골(발허리뼈)

폼롤러

관절 제한 문제가 해결되면, 다음 단계는 남아 있는 연부조직 경직을 해결하는 것이다. 여기에는 폼롤러를 사용한다. 나는 보통 폼롤러를 사용할 때 부위별로 최소 2분 정도는 사용하도록 한다. 운동을 하는 사람이라면 누구든 매일 폼롤러를 사용해야 한다.

　하퇴부 근육을 위아래로 천천히 움직이면서 아픈 부위를 찾아본다. 아픈 곳을 발견하면, 반대쪽 다리를 그 위에 올려서 10초 정도 그 부위를 잘 고정시킨다. 멈춰 있는 동안 발목을 까딱거려서 효과를 높일 수 있다.

연부조직 스트레칭

연부조직 문제를 해결할 때, 폼롤링의 다음 순서는 근육 스트레칭이다. 빠른 개선을 보기 위해서는 고전적 방식의 발목 스트레칭도 좋다. 운동을 시작하기 전에 폼롤러를 굴리고, 이 스트레칭을 해주는 것은 남아 있는 하퇴부의 경직을 줄여주는 좋은 방법이다.

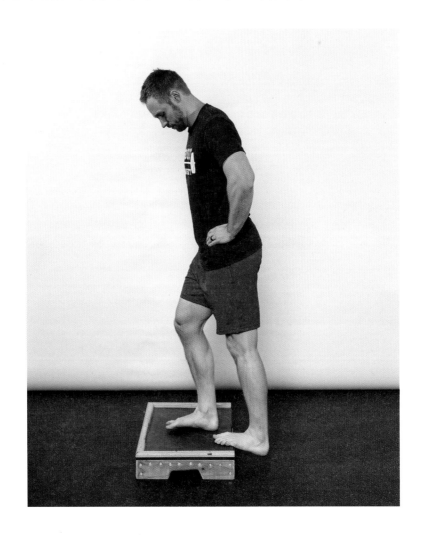

개인적으로 좋아하기도 하고, 바벨 스쿼트 관련 동작이 포함된 훈련을 하기 전에 내가 꼭 하는, 다른 버전의 스트레칭이 있다. 매우 자세 특이적인 동작이기 때문에, 스쿼트로의 전이성이 좋다. 고블릿 스쿼트를 하면서 깊게 앉는다. 케틀벨이든 원판이든 어떤 것으로 수행하든 상관이 없다. 이 상태에서 몸무게를 발 한쪽에 실어준다. 종아리 아래쪽에 당기는 느낌이 들 때까지 무릎을 앞으로 쭉 밀어준다. 10초 정도 유지한 후, 반대쪽 다리로 넘어가서 같은 동작을 반복한다.

검사-재검사

뻣뻣하게 굳은 발목을 다뤄보았으니, 이제 얼마나 나아졌는지 확인해볼 차례다. 모빌리티 운동을 할 때는 항상 재검사를 하자. 그래야만 조금 전 사용한 방법이 문제를 해결하는 데 효과가 있는지 알 수 있다.

발목 모빌리티 검사를 다시 해보면 이전보다 나아졌는지 확인해볼 수 있다. 그러나 최종적인 목표는 전반적인 스쿼트 움직임 패턴에서 단발성이 아닌, 지속적인 변화를 만들어내는 것이다. 따라서 개선된 발목 모빌리티가 스쿼트에 영향을 주는지 확인하는 것 역시 중요하다. 발목 모빌리티 운동 뒤에는, 깊게 앉으면서 스쿼트를 해보자. 그리고 깊게 앉으면서 피스톨도 해본다. 이전과 달라진 점이 있는가?

발목이 뻣뻣하게 굳는 원인은 사람마다 제각기 다르다. 그러나 이러한 도구들을 사용하는 것이 지속되는 변화를 만들고, 스쿼트와 피스톨 스쿼트 테크닉을 개선하는 첫걸음이 될 것이다.

Notes

1. K. Bennell, R. Talbot, H. Wajswelner, W. Techovanich, and D. Kelly, "Intra-rater and Inter-rater Reliability of a Weight-bearing Lunge Measure of Ankle Dorsiflexion," *Australian Journal of Physiotherapy* 44, no. 3 (1998): 175-80.

2. M. Reinold, "Ankle Mobility Exercises to Improve Dorsiflexion," accessed on December 1, 2015, MikeReinold.com.

3. G. W. Hess, "Ankle Impingement Syndromes: A Review of Etiology and Related Implications," *Foot Ankle Specialist* 4, no. 5 (2011): 290 – 97.

4. J. Dicharry, *Anatomy for Runners* (New York: Skyhorse Publishing, 2012).

5. R. Schleip and D. G. Muller, "Training Principles for Fascial Connective Tissues: Scientific Foundation and Suggested Practical Applications," *Journal of Bodywork & Movement Therapies* 17 (2013): 103 – 15.

6. T. A. Jarvinen, L. Jozsa, P. Kannus, T. L. Jarvinen, and M. Jarvinen, "Organization and Distribution of Intramuscular Connective Tissue in Normal and Immobilized Skeletal Muscles: An Immunohisto Chemical, Polarization and Scanning Electron Microscopic Study," *Journal of Muscle Research and Cell Motility* 23, no. 3 (2002): 245 – 54.

7. B. Vicenzino, M. Branjerdporn, P. Teys, and K. Jordan, "Initial Changes in Posterior Talar Glide and Dorsiflexion of the Ankle after Mobilization with Movement in Individuals with Recurrent Ankle Sprain," *Manual Therapy* 9, no. 2 (May 2004): 77 – 82.

8. A. Reid, T. B. Birmingham, and G. Alcock, "Efficacy of Mobilization with Movement for Patients with Limited Dorsiflexion after Ankle Sprain: A Crossover Trial," *Physiotherapy Canada* 59, no. 3 (2007): 166 – 72.

사진 제공: Bones of Human Foot: BlueRIngMedia/Shutterstock.com

Chapter 6
안정적인 무릎

무릎은 기본적으로 발목과 고관절 사이에 끼인 경첩으로 볼 수 있다. 최대 깊이까지 도달하려면, 무릎은 끝까지 열리고 닫힐 수 있어야 한다. 이 움직임을 각각 굴곡과 신전이라고 한다. 굴곡과 신전의 정도는 허벅지 바깥쪽과 정강이를 따라 가상선을 그려서 측정할 수 있다. 이 각도가 더 작거나, 더 닫혀 있을수록 무릎이 더 많이 굴곡되었다고 표현한다.

대부분의 사람들은 무릎을 끝까지 굴곡시키는 데 문제가 없다. 진짜 문제는 스쿼트와 같은 동적인 움직임을 수행하는 동안 무릎을 컨트롤할 수 있는 능력이 없다는 것이다. 무릎이 불안정하다는 것은 무릎이 이리저리 흔들리지 않게 가만히 유지하는 것이 어렵다는 뜻이다. 현재 무릎에 통증이 있거나, 과거 전방십자인대가 끊어졌다든가 하는 부상을 당했던 사람은 무릎이 불안정한 경향이 있다. 스쿼트를 앞에서 관찰해보면 무릎이 마구 흔들리다가 결국 안쪽으로 돌아가면서 몸의 중심선 방향으로 무너지는 경우를 확인할 수 있다.

내회전

　　이상적인 무릎의 위치는 발과 같은 방향으로 정렬되어 있는 것이다. 이를 위한 효과적인 큐로 '무릎을 밖으로 밀어라!'가 있다. 이렇게 하면 스쿼트를 하는 동안 무릎이 발 위에 오도록 유지할 수 있다. 언제가 되었든 무릎이 앞에서 말했던 이상적인 정렬에서 벗어나면, 우리는 이를 무릎이 불안정하다고 표현한다. 가장 흔한 문제점은 무릎이 안으로 무너지는 외반슬이라고 하는 형태다. 전체 리프팅 과정 내내 발바닥 삼각대를 안정적으로 유지한다면, 안쪽으로든 밖으로든 무릎은 절대로 무너지지 않는다.

　　따라서 안정성이 좋아지면 무릎이 안쪽으로 무너지는 것을 막아줄 수 있다. 무릎의 컨트롤이 개선되면 부상도 피할 수 있고, 동시에 움직임 효율성도 올라간다. 움직임 효율성이 증가하면 더 큰 파워를 만들어내고, 스트렝스를 증가시킬 수 있다. 더 큰 파워와 스트렝스, 그리고 부상까지 피하는 것, 바로 이것이 우리가 원하는 것이 아니던가?

무릎 불안정성 검사

무릎 검사법에 대해 알아보자. 이 문제를 다루기 전에 한 가지 짚고 넘어갈 것이 있다. 만약 발목이나 고관절이 굳어 있는 경우, 그 결과가 불안정한 무릎이라는 형태로 나타날 가능성이 높다. 따라서 언제나 무릎을 검사하기 이전에, 반드시 고관절과 발목을 먼저 다루고 진행해야 한다. 고관절과 발목을 먼저 해결하지 않으면, 무릎안정성 문제를 다루더라도 결국 단기적인 효과에 그치고 말 것이다.

발목과 고관절의 문제를 해결하면, 비로소 무릎의 안정성에 대해 다룰 수 있게 된다. 이때 일반적인 두 발 스쿼트와 한 발 피스톨 스쿼트를 모두 확인해야 한다. 다만 일반적인 두 발 스쿼트의 경우 안정성 문제를 가려버리는 경우가 있다. 따라서 여기서는 피스톨 스쿼트를 위주로 다룰 것이다. 많은 사람들이 일반적인 두 발 스쿼트는 잘하면서, 한 발로 피스톨만 하면 무릎이 안쪽으로 무너지는 외반슬이 나타나곤 한다.

검사를 시작하기 위해 발끝이 앞쪽을 향하게 두고, 편한 넓이로 스탠스를 잡는다. 그대로 깊게 앉으며 스쿼트를 해본다. 다음으로 한 다리로 서서, 깊게 앉으면서 피스톨을 해본다. 무언가 발견한 점이 있는가? 혹시 무릎이 흔들리다가 안으로 무너지는가, 아니면 끝까지 무릎과 발이 평행한 정렬 상태를 유지하는가?

중량 스쿼트를 테스트해보는 것도 도움이 된다. 중량이 실린 바벨은 움직임 능력을 테스트해볼 수 있는 좋은 기회다. 바벨이 무거워질수록, 더 높은 수준의 신체 능력이 필요하다. 맨몸 스쿼트는 완벽한데, 중량 스쿼트만 하면 자세가 망가지는 사람들을 자주 본다. 더 무거운 1RM PR을 세우기 위해서, 테크닉을 희생하는 것은 정당화될 수도 없고, 해서도 안 되는 일이다.

테크닉이 무너진다면 바벨의 무게는 아무런 의미가 없다! 최대 중량으로 스쿼트를 시도할 때 무릎이 안으로 무너진다면, 부상의 위험이 급격하게 올라간다. 여기에 예외는 없다.

그동안 역도에서는 수많은 세계기록들이 나왔다. 엄청난 무게가 눈 깜짝할 새에 머리 위로 올라간다. 그 모든 기록들은 훌륭한 테크닉을 기초로 세운 것들이다. 역도 선수들은 바벨의 움직임을 완벽하게 만들기 위해 매일매일 엄청난 노력을 쏟아붓는다. 스내치 세계기록을 세우든, 간단한 맨몸 스쿼트를 하든, 그것은 반드시 훌륭한 테크닉이 기초가 되어야 한다. 건강을 지키면서 본인의 진정한 잠재력에 도달하고 싶다면, 무릎 안정화에 집중하는 것은 매우 중요한 일이다.

교정 운동 코너

이제 무릎안정성을 개선하는 3단계 과정을 소개하겠다.

1. 올바른 테크닉
2. 터치다운 연습
3. 둔근 강화

올바른 테크닉

무릎안정성을 다룰 때 제일 먼저 해야 할 일은 올바른 테크닉을 익히는 것이다. 어떤 운동선수들은 단 한 번도 제대로 스쿼트를 배운 적이 없다. 가끔은 스쿼트 테크닉을 교정하는 것만으로 무릎 안정화가 되는 사람들도 있다.

내가 가장 좋아하는 큐 중의 하나는 '무릎을 밖으로 밀어내라'는 것이다. 이 큐는 엉덩이를 올바르게 개입시켜서, 스쿼트를 할 때 무릎이 안쪽으로 무너지는 것을 막아준다. 그렇지만 이 큐는 반드시 '땅바닥에 발바닥을 탄탄하게 박아넣다'는 큐와 같이 써야 한다.

발바닥 삼각대를 유지하지 못하면서, 무릎을 밖으로 너무 많이 밀어내는 것 역시 문제가 된다. 그러면 무릎이 발 바깥으로 밀려나고, 엄지발가락이 땅에서 떨어진다. 발바닥이 땅에 탄탄히 박힌 채로 삼각대만 잘 유지해준다면, '무릎을 밖으로' 밀어내라는 큐는 여전히 훌륭한 시작점이라 하겠다.

무릎 안정화의 두 번째 큐는 "엉덩이를 뒤로 밀라"이다. 스쿼트 절대 원칙 중 하나는 하강을 시작하기 전에 몸의 후면사슬을 올바르게 개입시키는 것이다(특히 대둔근이 주가 된다). 이것은 고관절을 뒤로 밀어주는 힙 힌지라는 움직임을 통해 만들 수 있다. 오버헤드나 프런트 스쿼트와 비교했을 때, 로우바 스쿼트는 더 큰 수준의 힙 힌지가 필요하다.

로우바 스쿼트든, 오버헤드 스쿼트든 스쿼트를 시작하기 전에는 반드시 후면사슬을 개입시켜야 한다. 몸의 발전소와 같은 역할을 하는 고관절에 부하를 걸면 무릎에 가해지는 압력을 덜어준다. 후면사슬을 제대로 쓰지 못한다면, 무릎이 이리저리 흔들릴 가능성이 높아진다.

터치다운 연습

큐만으로 무릎 불안정성을 고칠 수 없다면, 다른 접근법을 취할 차례다. 한 다리로 옮겨가서 피스톨 스쿼트를 완성시켜보자. 엄청난 무게로 스쿼트를 할 수 있으면서도, 정작 간단한 한 발 피스톨은 할 수 없는 사람들이 얼마나 많은지 알게 되면 여러분은 아마 깜짝 놀라게 될 것이다.

우리는 스트렝스를 다루면서 한 다리 훈련에 대해서는 자주 잊어버리곤 한다. 스쿼트, 데드리프트, 클린, 스내치 같은 몇 가지 핵심적인 리프팅에만 신경을 쓰기 때문이다. 그 결과 우리도 모르게 어딘가 약한 부위가 생기게 된다. 피스톨 스쿼트를 해보면, 자신의 약점을 확인해볼 수 있다. 뿐만 아니라 한 다리 동작들은 누구나 신경 써야 하는 균형감각도 발달시켜 준다. 운동을 하는 사람이라면 누구든 밸런스에 신경을 써야 한다.

작은 것부터 시작해서 조금씩 발달시켜 나간다면, 무릎을 컨트롤할 수 있는 능력의 극적인 변화를 확인할 수 있을 것이다. 여기에는 작은 박스나 중량 원판이 필요하다. 낮은 데서부터 시작하더라도, 곧 한 발 풀 피스톨 스쿼트까지 나아갈 수 있을 것이다.

처음에는 4인치(약 10cm) 박스에서 시작한다. 체육관이라면 원판 두 개를 쌓아놓고 사용할 수도 있다. 박스나 원판 위에서 피스톨 스쿼트의 스탠스를 잡는다. 여기서 엉덩이를 뒤로 빼면서 동시에 가슴을 앞쪽으로 가져온다. 이 움직임을 통해 후면사슬을 개입시킬 수 있다. 제대로 한다면, 둔근과 햄스트링에 약간의 텐션(긴장)이 느껴질 것이다. 고관절을 뒤로 밀어내면서 동시에 가슴을 앞으로 가져오면, 미드풋에 몸의 무게중심이 실린 균형 잡힌 자세가 나올 것이다.

무릎과 발의 정렬을 유지한 채로, 천천히 하강을 시작해서 반대쪽 발뒤꿈치로 살짝 바닥을 찍고, 다시 시작 자세로 돌아온다. 이 동작을 제대로 한다면, 몇 회 지나지 않아서 엉덩이 근육이 열심히 일을 하고 있음을 느낄 수 있을 것이다. 단, 이때 무릎에는 절대로 그 어떤 통증이나 뻣뻣한 느낌이 들어서는 안 된다.

이 운동을 수행할 때, 정강이는 할 수 있는 한 최대한 오랫동안 수직으로 유지한다. 무릎이 너무 일찍 앞으로 나가면, 관절에 걸리는 부하가 증가하고 무릎이 안쪽으로 무너질 가능성이 증가한다. 피스톨 스쿼트가 깊어짐에 따라 무릎이 결국에는 앞쪽으로 움직일 것이다. 그러나 처음 작은 박스에서 시작할 때는 무릎의 전방 움직임이 거의 없어야 한다.

4인치 박스가 쉬워지면, 더 높은 박스로 바꾸거나 무게를 달아서 난이도를 높인다. 박스의 높이가 높아질수록 더 높은 수준의 무릎 컨트롤 능력이 필요하다. 최종 목표는 한 발 풀스쿼트를 훌륭한 테크닉으로 수행할 수 있게 되는 것이다.

둔근 강화

무릎을 안정화하는 데는 바깥쪽 엉덩이 근육들(특히 중둔근)이 중요한 역할을 한다. 이 근육들은 스쿼트, 점프 후 착지, 달리기 같은 동작에서 무릎이 안쪽으로 무너지지 않고 발과 정렬을 맞춰준다. 이 근육들을 강화하면 무릎 안정화 능력을 개선할 수 있다.

내가 제일 좋아하는 둔근 강화 운동은 래터럴 밴드 워크라고 한다. 이름 그대로 밴드를 사용해서 옆으로 걸어가는 운동이다. 고무밴드를 발목 근처에 위치시킨다. 나는 Perform Better 사(社)에서 만든 고무밴드를 좋아한다. 조금 더 긴 몬스터밴드*를 사용해도 좋다. 이 경우 손으로 밴드를 붙잡아 장력을 유지해준다.

시작 자세는 스쿼트를 할 때와 똑같이 세 단계를 거친다. 발끝은 앞쪽을 향한 채로, 편안한

* 역주: Rogue 사(社)에서 나오는 제품. 한국에서는 일반적인 풀업밴드, 라텍스나 세라밴드, 힙서클 등을 사용하면 된다.

넓이로 발을 벌린다. 다음으로 안정적인 발바닥 삼각대 자세를 잡는다. 무릎을 바깥쪽으로 밀어, 무릎과 발의 정렬을 맞춰준다. 마지막으로 고관절을 뒤로 살짝 밀어 후면사슬을 개입시키고, 가슴은 앞으로 당겨와 균형을 잡도록 한다.

이 자세에서 작은 보폭으로 옆으로 걸어간다. 동작 전체에 걸쳐 고무밴드에서 일정한 장력이 계속해서 유지되어야 한다. 15~20피트(약 4.5~6m)가량 걸어갔다가 다시 반대 방향으로 걸어온다. 엉덩이 바깥쪽 근육들에 피로감이 느껴질 것이다.

검사-재검사

무릎안정성은 쉽게 좋아지지 않는다. 불안정성이란 것은 일정한 기간 동안 계속해서 몸에 프로그램되고, 학습된 결과이기 때문이다. 올바르게 움직이지 못했던 기간이 길수록, 올바르게 움직이는 방법을 배우는 데 더욱 오랜 기간이 필요하다.

Chapter 7

유연한 고관절

몸에서 자주 굳어버리곤 하는 또 다른 신체 부위로 고관절이 있다. 좌식생활과 함께 너무 오랜 시간 앉아 있으면 엉덩이를 제대로 사용하지 못해 굳어버리곤 한다. 고관절의 가동범위가 제한되면 풀스쿼트를 하는 데 어려움이 있다. 많은 경우, 고관절 모빌리티가 개선되면 도움이 된다.

고관절의 모빌리티가 부족하면 다음의 일들이 일어날 수 있다. 첫째, 무릎이 안정성을 잃고 안쪽으로 무너진다. 두 번째, 등 하부가 안정성을 잃고 둥글게 말리며 무너진다. 각각의 움직임 문제들은 모두 우리가 힘을 쓰는 능력을 방해하고, 부상의 위험을 높인다.

고관절이 패럴렐보다 아래로 내려가는 풀스쿼트 깊이에 도달하려면 충분한 수준의 고관절 굴곡 능력이 필요하다. 몸통과 허벅지를 따라 가상의 선을 그어서 고관절의 굴곡 정도를 측정할 수 있다. 이 각도가 더 작거나 닫혀 있을수록, 고관절 굴곡 능력이 더 큰 것이다.

열린 고관절 각

닫힌 고관절 각

고관절 경직 검사

만약 여러분이 발끝을 앞으로 둔 채 풀스쿼트 깊이로 앉을 수 없다면, 고관절 모빌리티가 그 원인일 가능성이 높다. 이제 내가 가장 좋아하는 고관절 모빌리티 평가 도구를 소개하고자 한다. 바로 토마스 테스트라고 부르는 검사다.[1]

　이 검사는 뒤로 누워서 시행한다. 토마스 테스트의 주목적은 장요근(고관절 굴곡근)과 대퇴직근(허벅지 근육), 그리고 장경인대(IT 밴드)가 얼마나 뻣뻣한지 확인해보는 것이다. 이 모든 연부조직 구조물들은 고관절 모빌리티 문제에 영향을 줄 수 있다.

　침대나 벤치 옆에 서서 시작한다. 엉덩이는 항상 모서리 부분에 닿아 있어야 한다. 한쪽 무릎을 잡고 가슴 쪽으로 당겨주면서 가볍게 뒤로 눕는다. 손으로 붙잡고 있는 무릎은 최대한 가슴에 가깝게 당겨야 한다. 한쪽 무릎을 붙잡고 누운 상태에서, 반대쪽 다리를 완전히 이완시킨다.

　마지막의 자세가 어땠는가? 다른 사람이 이 검사를 도와주면 혼자 하는 것보다 훨씬 좋은 결과를 얻을 수 있다. 같은 방법으로 반대쪽을 검사하고 결과를 확인해보자.

가슴 쪽으로 무릎을 당긴다.

다리는 평평하게 놓는다.

무릎은 90도로 유지한다.

고관절에 끼이는 느낌이 없을 것

다리는 곧게 펼 것

무릎을 가슴까지 당길 수 없다.

다리가 공중에 뜬다.

무릎의 각도가 90도보다 크다.

고관절에 끼이는 느낌

다리가 옆으로 빠짐

움직임 체크리스트

	통과	실패	
	무릎이 가슴에 닿도록 끝까지 당길 수 있다.	무릎을 가슴 끝까지 당길 수 없다.	
	반대쪽 다리를 침대/벤치 위에 평평하게 유지할 수 있다.	반대쪽 다리를 침대/벤치 위에 평평하게 유지할 수 없다.	
	반대쪽 다리를 몸을 따라 일자로 곧게 유지할 수 있다.	반대쪽 다리가 몸을 따라 일자로 유지되지 않고 몸 옆으로 빠진다.	
	반대쪽 무릎이 편안하게 구부러져 있다.	반대쪽 무릎이 비교적 타이트하고 쭉 펴져 있다.	

위의 모든 항목을 통과했는가? 그렇다면 고관절 모빌리티가 충분하다고 할 수 있다. 그러나 위 검사에서 만일 하나라도 통과하지 못했다면, 고관절 모빌리티에 제한이 있는 것이다.

무릎을 가슴까지 당기지 못했다면, 고관절 굴곡 모빌리티에 문제가 있을 수 있다. 원인은 여러 가지가 있을 수 있는데, 연부조직이 타이트하다거나 제한이 있을 수도 있고, 심지어는 고관절 관절낭에 제한사항이 있는 경우도 있다.

한쪽 다리를 다른 쪽 다리만큼 가슴으로 당길 수 없다면, 고관절 모빌리티 비대칭이 있을 수 있다. 이것은 심각한 문제다. 비대칭은 바벨 스쿼트에 악영향을 줄 수 있기 때문에 매우 중요하게 다루어야 할 문제다. 보통 자그마한 비대칭은 알아채지 못하고 넘어간다. 비대칭을 고치지 않으면 향후 과사용으로 인한 부상이 생길 수 있다.

토마스 테스트를 통해 반대쪽 고관절의 모빌리티 제한 여부도 확인해볼 수 있다. 반대쪽 다리를 벤치 위에 평평하게, 그리고 일자로 곧게 뻗지 못하는 것 역시 고관절이 굳어 있다는 의미일 수 있다.

언제나 움직임을 먼저 평가하기 바란다. 한 다리든 두 다리든 스쿼트에서 문제점을 발견한다면, 토마스 테스트와 같은 여러 검사 도구를 사용해 움직임 문제점의 원인을 찾아낼 수 있다.

관절의 문제일까, 연부조직 문제일까?

고관절의 모빌리티가 충분하다면, 무릎과 등 하부를 안정적인 상태로 유지할 수 있다. 개별 관절 개념의 핵심은 신체가 전부 서로서로 연결되어 있다는 것이다. 인간의 움직임 사슬을 구성하고 있는 약한 고리 하나가 나머지 전체 시스템을 망가뜨릴 수 있다. 고관절이 굳어버리면 올바른 테크닉으로 스쿼트를 수행할 수 없다.

이제 토마스 테스트의 전체 결과에 대해 논해보자. 테스트 후에 무엇을 발견했는가? 통과했는가? 만일 그렇지 않더라도 걱정하지 마라! 중요한 것은 고관절이 굳은 다양한 원인들을 이해하는 것이다. 그래야 적절한 방법으로 문제를 해결할 수 있다. 경직된 고관절 문제를 해결하는 데 있어 만병통치약 같은 접근법은 존재하지 않는다.

고관절 경직은 보통 다음의 두 가지 요소가 원인으로 작용한다.

1. 관절 제한
2. 연부조직 제한

관절 제한

관절 제한이란 고관절을 연결하는 뼈들 사이의 공간이 좁아진 것으로 간단하게 정의할 수 있다. 기본적으로 관절을 연결하는 뼈들이 서로에 대해 부드럽게 움직이기를 멈춘 것이다. 여기서 오는 타이트함이 관절 내부에 장애물을 만드는 것이다. 토마스 테스트에서처럼 무릎을 가슴 쪽으로 당기려고 할 때, 고관절 내부에서 뼈로 된 장애물이 대퇴골(허벅지뼈)의 전방 움직임을 방해한다. 이때 움직임이 제한되는 것을 고관절충돌증후군이라고 한다.[2] 이 모빌리티 문제는 가령 스쿼트 하단부에서 고관절이 끼이는 느낌을 받으면서도 운동을 지속할 때 오는 마모 손상 등의 반복적인 긴장에 의해 나타난다. 또한 이러한 결과는 좌식생활에 대한 장기적인 적응의 결과로 인해 나타날 수도 있다.

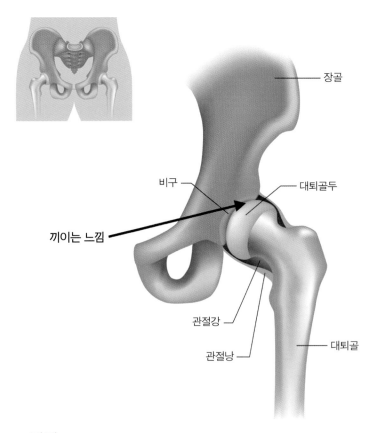

장골

비구

대퇴골두

끼이는 느낌

관절강

관절낭

대퇴골

고관절

만일 무릎을 가슴으로 당기는 것이 어려웠으며 고관절에 '끼이는' 느낌이 들었다면, 고관절충돌증후군의 가능성이 있다. 이전에 발목 관절 제한을 다루면서 회전 교차로의 비유를 들었던 적이 있다. 고관절충돌증후군이 있는 경우, 고관절 앞쪽에서 끼이는 느낌이 들게 만드는 장애물과 대퇴골이 실제로 부딪힌다.

그러나 몸은 생각보다 똑똑하기 때문에, 목표를 달성하기 위해 자연스럽게 움직임 패턴에서 보상작용이 나타난다. 고관절 제한 때문에, 등 하부가 움직이게 되는 것이다! 등 하부의 움직임은 스쿼트 도중의 안정성을 떨어뜨리고, 우리는 최적의 파워와 스트렝스를 얻을 수 없게 된다.

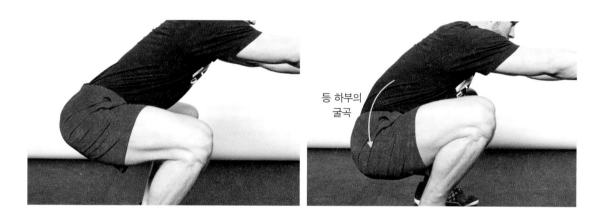

등 하부의
굴곡

두 가지 방법을 통해 이 문제를 해결할 수 있다. 첫 번째는 관절 모빌리제이션을 통해 고관절 내부의 공간을 늘려주는 것이다. 두 번째는 후면사슬(둔근과 햄스트링 근육군)을 효율적으로 사용할 수 있도록 하는 것이다. 스쿼트와 같은 움직임에서 둔근을 제대로 활성화시키지 못하는 경우는 흔하게 볼 수 있다.

연부조직 제한

고관절에서의 연부조직 제한 문제는 고관절 주변의 장요근과 대퇴사두근 같은 근육들과, 장경인대, 그리고 근막들이 포함된다. 이 구조물들은 시간이 지남에 따라 뻣뻣해지고 굳어버릴 수 있다. 예를 들어 많은 경우, 장시간 앉아서 지내는 좌식생활이 고관절을 굳게 만들곤 한다. 과도한 비활동성은 근막이 탄성을 잃게 만들고, 그 결과 근막이 둘러싸고 있는 조직들이 서로에 대해 미끄러져 움직이기 어렵게 만든다. 간단하게 말해서, 너무 오래 앉아 있는 것이 자연스러운 고관절의 유연성을 떨어뜨리고, 스쿼트와 같은 정상 움직임 패턴을 망가뜨린다는 것이다.

연부조직 제한의 경우, 보통 토마스 테스트 도중 손으로 붙잡지 않았던 쪽 고관절의 앞이나 바깥쪽에서 타이트함이 느껴진다. 토마스 테스트에서는 손으로 잡지 않은 다리가 침대나 벤치에 붙어 있지 못하고 공중에 뜬 채로 몸과 정렬을 이루지 못한 채 옆으로 튀어나온다거나, 편하게 무릎이 구부러진 상태를 유지하지 못하는 등의 경우도 흔하게 나타난다. 만일 당신이 위의 경우에 해당한다면, 다음의 두 가지 도구를 통해 연부조직 제한 문제를 해결해보도록 하자. 바로 스트레칭과 폼롤링이다.

고관절 모빌리티는 풀스쿼트를 달성하는 데 매우 중요한 요소이다. 고관절이 굳어버리면 엉덩이의 근육들을 올바르게 활성화하는 능력이 떨어진다. 고중량 스쿼트에서 필요한 파워의 상당량을 잃어버리는 것이다. 고관절 모빌리티가 제한된 원인을 이해하는 것은 이 문제를 효과적으로 해결하기 위한 첫 단계다.

모빌리티 코너

이제 고관절 경직을 해결하는 나의 4단계 과정을 소개하고자 한다.

1. 모빌리제이션
2. 폼롤링
3. 스트레칭
4. 후면사슬 활성화

고관절 모빌리제이션

관절 모빌리티의 제한이 가장 먼저 다뤄야 하는 문제다. 토마스 테스트에서 무릎을 가슴 쪽으로 당기는 동안 고관절 앞쪽에서 '끼이는' 느낌이 들었다면 고관절충돌증후군의 가능성을 시사한다. 이 감각은 대퇴골이 고관절의 움직임을 막고 있는 '장애물'을 건드릴 때 느껴진다. 이러한 종류의 제한은 기존의 스트레칭이나 폼롤링으로는 해결되지 않는다. 따라서 고관절에서의 끼이는 감각은 연부조직 경직 문제를 다루기 이전에 먼저 해결해야 한다.

혼자서 관절 제한사항을 해결하는 가장 간단한 방법 중 하나는 고무밴드를 사용하는 모빌리제이션이다. 고무밴드는 유연하면서도, 동시에 단단한 고관절 관절낭에 영향을 주기에 충분히 튼튼하다.

밴드 관절 모빌리제이션은 뼈들이 서로 잘 미끄러져 움직일 수 있도록 한다. 관절 활주는 개선하고자 하는 특정 가동범위의 움직임을 스스로 능동적으로 만들어내려고 노력해야만 유지할 수 있다. 스쿼트를 할 때 허벅지가 가슴 쪽으로 움직이는 동안, 대퇴골 말단부는 고관절 안쪽에서 뒤쪽으로 움직인다. 이러한 종류의 모빌리제이션은 물리치료사들이 오랫동안 사용해온 방법이다(간단히 움직임 모빌리제이션이라 하자). 우리의 목표는 관절 깊숙한 곳에서 느껴지는 통증이나 집히는 느낌을 완화하는 데 있다.

밴드를 고관절과 가까운 곳에 두고 시작한다. 앞쪽 다리에 고무밴드를 걸고 런지 자세를 취한다. 이 자세에서는 밴드가 다리를 바깥쪽으로 당기고 있어야 한다. 그간의 연구결과에 의하면 래터럴 밴드 모빌리제이션이 딥스쿼트 도중 고관절 앞쪽의 끼이는 느낌을 완화하는 데 가장 효과적인 것으로 밝혀졌다.[3]

이 자세에서 무릎을 안쪽으로 모았다가 다시 풀어주는 동작을 열 번 반복한다. 밴드에 충분한 장력이 걸려 있다면, 엉덩이 바깥쪽이 가볍게 스트레칭되는 느낌이 들 것이다. 이때 고관절 소켓 내부의 대퇴골을 바깥쪽으로 가볍게 활주시켜주는 것이다. 이것은 고관절 소켓 내부의 대퇴골에 더 많은 공간을 만들어주고, 스쿼트 최하단 구간에서 끼이는 감각을 만들어내는 뼈들이 만나는 접점을 줄여주는 것이다. 다음으로 무릎을 바깥쪽 뒤로 밀어주자. 이 자세에서 둔근을 몇 초간 조였다가 다시 풀어준다.

폼롤링

관절 제한 문제를 다루었으면 다음은 연부조직 경직을 다룰 차례다. 폼롤러를 사용하는 것으로 시작한다. 나는 사람들에게 하루에 최소 2분씩은 문제가 있는 부분에 투자하라고 한다. 모든 운동인들은 매일 폼롤러를 사용해야 한다!

우리의 목표는 폼롤러를 사용해 토마스 테스트에서 찾아낸 뻣뻣함을 줄이는 것이다. 이것은 고관절 굴곡근, 대퇴사두근, 엉덩이 바깥쪽까지 모두를 다뤄야 한다는 뜻이다. 하퇴부 근육들부터 시작해서 아픈 부분을 찾을 때까지 천천히 위아래로 움직인다. 아픈 자리를 발견하면 다시 움직이기 전에 그 자리에 멈춰서 10초 정도 체중으로 고정해 풀어주도록 한다.

밀대로 빵을 반죽하는 비유를 들고 싶다. 신체 조직이 빵 반죽인 것처럼 폼롤러로 리듬감 있게 앞뒤로 조금씩 밀어주며 움직인다. 폼롤러 위에 누워 빠르고 크게 움직이는 것은 뻣뻣해진 조직들을 제대로 풀어주지 못한다. 멈춰 있는 동안에 능동적으로 무릎을 움직이면 더 큰 효과를 볼 수 있다.

연부조직 스트레칭

폼롤링이 끝나면 다음 단계는 근육 스트레칭이다. 스쿼트를 하기 전 고관절을 열어주고, 모빌리티를 개선하기 위해 가장 추천하는 것은 내가 '세계 최고의 스트레칭'이라 부르는 것이다.

이 스트레칭은 총 네 부분으로 이루어져있다. 먼저 왼쪽 발을 앞에 두고, 깊게 런지 자세를 취한다. 둔근을 조이면서, 고관절을 바닥 방향으로 민다. 이렇게 하면 오른쪽 고관절 앞부분이 스트레칭되는 느낌이 들 것이다. 두 번째로, 왼쪽 팔꿈치를 바닥에 가져다댄다. 5초간 버틴다.

다음으로 팔꿈치나 손으로 왼쪽 무릎을 바깥쪽으로 밀어준다. 발바닥이 땅에서 떨어지지 않도록 주의한다. 마지막으로 왼팔이 공중에 붕 뜨도록, 상체 전부를 왼쪽으로 회전시킨다. 이 마지막 움직임은 몸에서 쉽게 굳어버리곤 하는 또 다른 부위인 흉추(척추 중간 부분)의 모빌리티를 다루는 동작이다.

내가 좋아하는 또 다른 스트레칭은 하프닐링 힙플렉서 스트레칭(반무릎 고관절 굴곡근 스트레칭)이다. 이 스트레칭은 고관절 앞부분의 근육 문제를 다루기에 정말 좋다. 하루 종일 앉아 있다 보면 그에 대한 적응의 결과로 고관절 굴곡근들 및 대퇴사두근이 과하게 타이트해진다.

무릎을 꿇은 자세에서 시작한다. 가슴을 곧게 세운 채로, 둔근을 조여주면서 동시에 골반은 몸 아래로 잡아당긴다. 고관절 앞쪽이 스트레칭될 것이다. 이 자세를 10초간 유지한다.

마지막 스트레칭은 좀 더 자세 특이적인 동작이기에, 스쿼트 자체에 전이성이 더 좋다. 먼저 깊은 고블릿 스쿼트 자세로 앉는다. 이 동작은 케틀벨이나 플레이트를 들고 수행해도 좋다. 몸 앞쪽에 중량물을 들고 있으면, 개선하고자 하는 딥스쿼트 포지션에서 조금 더 균형을 잘 잡을 수 있다.

풀스쿼트 깊이까지 앉은 뒤에는, 팔꿈치를 사용해 무릎을 발 바깥쪽으로 최대한 멀리 밀어낸다. 발바닥은 항상 삼각대 자세를 유지한 채로 단단하게 땅바닥에 붙어 있도록 한다. 팔꿈치로 무릎을 옆으로 밀어내면 고관절 내부가 더 많이 스트레칭된다.

다음 페이지의 사진과 같은 자세에서 고관절을 열어주면, 엉덩이의 근육들도 활성화시킬 수 있다. 엉덩이의 근육들은 스쿼트 밑바닥에서 우리를 위로 밀어 올려주는 핵심적인 근육군(群)이다. 고블릿 스쿼트의 하단부에서 앉아 있을 때, 할 수 있는 최대한으로 엉덩이 근육을 몇 초간 조이면서 무릎을 옆으로 밀어내도록 한다. 이때 발바닥은 땅에서 떨어지지 않도록 주의한다. 힘을 풀고, 다시 앉으면서 스트레칭 자세로 돌아간다.

일어나면서 둔근을 조인다.

　이런 종류의 스트레칭을 '수축-이완 기법'이라고 한다. 물리치료사들과 스트렝스 코치들은 이런 테크닉을 활발히 사용한다. 일반적인 형태의 지속시간이 긴 스트레칭들과 비교했을 때, 이쪽이 모빌리티 개선에 훨씬 효과적이기 때문이다. 이 자세를 대략 30초에서 1분가량 유지한 후, 일어나서 잠시 쉬도록 한다. 나는 보통 다음 동작으로 넘어가기 전 이 움직임을 2~3번 정도 반복한다.

후면사슬 활성화

스쿼트를 할 때 후면사슬(둔근과 햄스트링)을 제대로 활성화하지 못하는 경우는 매우 흔하게 찾아볼 수 있다. 이런 이유로 나는 모빌리티 문제를 다룬 후에는 후면사슬 근육들을 준비시키는 짧은 운동을 추천한다.

　여기서 보여주려는 움직임은 '편측성 외전'이다. 조금 더 평범한 말로는 '밴디드 래터럴 킥'이다. 먼저 고무밴드를 발목에 건다. 다음으로 한 다리 스탠스를 취한다. 고관절은 뒤로 밀면서, 가슴은 앞쪽으로 움직이도록 한다. 이 작은 움직임이 후면사슬을 개입시키고, 균형을 잡을 수 있게 해준다. 앞의 개념을 확고히 하기 위해, 내가 아무리 작은 동작이더라도 모든 스쿼트에 사용하는 큐가 있다. '무릎 말고, 엉덩이로 일어나라.'

　이 자세를 취하고 나면, 디딤발의 반대쪽 발을 천천히 컨트롤하면서 옆으로 찼다가 돌아온다. 다리가 움직이는 거리는 크게 중요하지 않다. 디딤발을 전체 동작 내내 흔들리지 않게 안정적으로 유지하는 것에 집중하도록 한다.

이 동작은 스쿼트에 대비해 엉덩이 근육을 준비시키는 것뿐만 아니라, 코어와 무릎안정성 문제를 다루는 데도 좋다. 2~3세트 15회를 수행한다. 엉덩이 바깥쪽에 피로감이 느껴질 것이다.

검사-재검사

고관절 경직 문제를 다뤘으니, 이전보다 나아졌는지 확인해보자. 모빌리티 운동 이후에는 항상 검사-재검사를 해야 한다. 그래야 앞에서 했던 것들이 당신이 원했던 변화를 만드는 데 효과적이었는지 아닌지 확인할 수 있다.

맨몸으로 딥스쿼트를 수행하는 것은 변화를 확인해보기 좋은 방법이다. 그리고 피스톨 스쿼트도 깊게 한 번 해보기 바란다. 뭔가 달라진 점이 느껴지는가? 우리의 목적은 전반적인 스쿼트 움직임 패턴에서 계속해서 유지되는 변화를 만드는 것이다. 모빌리티 도구들은 어디까지나 잘하려고 하는 운동으로 전이가 되어야만, 비로소 효과적이라고 말할 수 있다.

이번 장에서 나의 소망은 여러분에게 고관절 경직 문제를 해결하는 데 필수적인 도구들을 제시하는 것이었다. 당신이 경쟁력 있는 운동인으로 남고 싶다거나, 계속해서 부상 없이 움직이고 싶다면, 고관절 모빌리티를 개선하고 유지하는 것은 필수적인 일이다.

Notes

1. D. Harvey, "Assessment of the Flexibility of Elite Athletes Using the Modified Thomas Test," *British Journal of Sports Medicine* 32, no. 1 (1998): 68 – 70.

2. M. Leunig, P. E. Beaule, and R Ganz, "The Concept of Femoroacetabular Impingement: Current Status and Future Perspectives," *Clinical Orthopedics and Related Research* 467, no. 3 (March 2009): 616 – 22.

3. M. P. Reiman and J. W. Matheson, "Restricted Hip Mobility: Clinical Suggestion for Self-mobilization and Muscle Re-education," *International Journal of Sports Physical Therapy* 8, no. 5 (October 2013): 729 – 40.

사진 제공: The Hip Joint: AlilaMedicalMedia/Shutterstock.com

Chapter 8

안정적인 코어

너무나 많은 사람들이 잘못된 방법으로 코어 트레이닝을 한다. 아직도 많은 코치들이 코어의 근육들을 강화하면 안정성이 좋아질 것이라고 생각한다. 이런 이유로 여전히 많은 사람들이 끝없는 크런치와 하이퍼 익스텐션을 한다. 해당 근육들이 강해야 하는 것은 사실이지만, 이런 식의 고립 강화 운동이 안정성을 개선해주어 그 결과가 더 나은 스쿼트 테크닉으로 전이되지는 않는다.

코어 안정성은 결국 올바른 타이밍과 협응력이 핵심이다. 움직이는 동안 요추를 중립 상태로 유지하려면 복부, 등, 그리고 고관절의 근육들이 다 같이 협력해야만 한다. 호흡의 힘을 사용해 코어 브레이싱까지 더해주면, 엄청난 무게를 들어 올릴 수 있는 잠재력이 열리는 것이다.

등 하부 교정 운동은 등을 얼마나 안정적으로 유지할 수 있느냐에 초점을 두어야지, 윗몸일으키기를 몇 개나 할 수 있느냐는 중요치 않다. 우리들 대부분은 지금까지 평생 잘못된 방법으로 코어를 훈련해왔다!

코어 안정성을 다루기 이전에, 무엇이 되었든 고관절 제한 문제가 있다면 그것부터 먼저 해결하도록 하자. 충분한 고관절 모빌리티가 확보되지 않으면, 아무리 코어 안정성 문제를 다루더라도 그 효과는 단기적인 것으로 그칠 것이다.

레벨 1 : 인지 안정성

코어 안정성 교정 운동의 각 단계는 유명한 연구자인 피터 오설리번과 스튜어트 맥길 박사의 연구에 기초한 것이다.[1,2] 첫 번째 훈련 단계는 인지적 단계라고 한다. 여기서는 감각과 안정성 지각 능력을 개선하는 데 초점을 둔다. 코어를 브레이싱할 때 활성화되어야 하는 근육들을 스스로 느낄 수 있어야 한다.

브레이싱은 복근, 등, 횡격막, 그리고 골반까지 코어를 구성하는 모든 복부 근육들의 활성화를 통해 척추를 둘러싸고 있는 360도 전체를 튼튼하게 만드는 것이다.[2,3] 고중량 스쿼트를 할 때 브레이싱이 올바른 호흡법과 결합된다면, 더욱 높은 수준의 안정성이 확보된다.[4]

과거 많은 전문가들이 코어의 앞부분을 지나가는 작고 평평한 근육인 복횡근만을 활성화하면 된다고 주장했었다. 그러나 이제 우리는 복횡근 하나를 활성화하는 것으로는 코어 안정성을 만들어낼 수 없다는 것을 깨달았다. 복횡근은 그저 '복부 팀'의 멤버 중 하나일 뿐이다. 몸통 주위를 둘러싸고 있는 다른 근육들보다 복횡근이 더 중요하다는 것은 잘못된 말이다. 등 하부를 완벽하게 지지하기 위해서는, 이 근육들 모두가 똑같이 활성화되어야 한다.

내가 소개하는 첫 번째 운동은 간단하게 브레이싱 과정을 배워보는 것이다. 이 과정을 한 단계 한 단계 거치면서, 코어를 둘러싸고 있는 모든 근육들이 활성화되는 것을 느끼는 것에 집중해보자.

1단계: 바닥에 등을 대고 눕는다. 무릎은 편안하게 구부려도 좋다.

2단계: 코어를 둘러싼 모든 방향의 근육들을 활성화시킨다. 이를 동시 수축이라고 한다. 내가 개인적으로 좋아하는 큐는 배에 펀치를 맞는 것을 상상하면서, 힘을 주라는 것이다. 이렇게 하면 하부 몸통 전체가 단단해지는 느낌이 들 것이다. 배 한가운데와 옆구리에 손을 올린다. 복부 근육들이 활성화됨에 따라 손바닥 아래로 팽팽한 긴장감이 느껴질 것이다. 잘못된 브레이싱은 복직근 (식스팩 근육)만을 활성화시킬 것이다.

3단계: 이 패턴을 파악했다면, 이제 10~20초에 이르는 더 긴 시간 동안 이 근육들을 사용할 수 있도록 훈련해야 한다. 등 하부의 안정성은 훈련 도중 몇 번의 고중량 리프팅에만 필요한 것이 아니라, 일상에서 온종일 내내 계속해서 필요한 존재다! 브레이싱 동작을 더 오래 유지할 수 있게 되면, 더 오랜 시간 안정성을 유지할 수 있다.

권장 세트/반복수: 3세트, 10회 반복

레벨 2: 움직임 안정성

코어 근육들을 능동적으로 동시 수축하는 방법을 배웠으니, 이제는 움직이는 동안에 안정성을 유지하는 방법을 배워볼 차례다. 이번 운동은 '버드-독'이라고 한다. 이 동작을 수행하는 동안, 여러분이 얼마나 코어 브레이싱을 잘 하고 있는지에 집중해야 한다. 안정성을 유지할 수 있는 능력은 많은 경우, 팔이나 다리가 움직임을 시작함과 동시에 휘청거리곤 한다.

1단계: 네 발로 기는 자세에서, PVC 파이프나 막대기를 아래 사진처럼 등 위에 올려놓는다. 올바른 척추 정렬을 유지하기 위해, PVC 파이프가 절대로 등에서 떨어져서는 안 된다.

2단계: 중립 자세를 찾았으면, 앞의 레벨 1에서 배웠던 코어 동시 수축을 해본다. 지금 브레이싱을 하려는 노력이 앞으로 다음 단계들에서 필요한 안정성을 만들어줄 것이다.

3단계: 한 팔씩 번갈아가며 머리 쪽으로 들어 올렸다가 다시 시작 자세로 돌아간다. 팔이 움직이는 동안 등 하부는 안정적으로 브레이싱이 유지된 채 버틸 수 있어야 한다. 먼저 숨을 들이쉬고, 그 다음 코어를 조여서 브레이싱을 해준다. 이 동작을 수행하는 동안 호흡을 멈춰서는 안 된다. 빨대를 문 것처럼 입을 작게 오므리고 천천히 숨을 내뱉는다.

4단계: 이번에는 한 다리씩 움직여보자. 한쪽 다리를 가능한 최대한 멀리 뒤쪽으로 찬다. 다시 한 번 말하지만 이 동작을 하는 동안에는 절대로 등이 움직여서는 안 된다! 등은 언제나 견고하게 자세를 유지하고 있어야 한다. 이 단계에서 올바르게 움직이지 못한다면, 등 하부는 과신전되고, PVC 파이프는 등에서 떨어질 것이다.

5단계: 다음은 팔과 다리가 동시에 움직이는 것이다. 오른팔과 왼다리를 동시에 움직이는 것에서 부터 시작하자. 이것이 대부분의 사람들에게 친숙한 형태의 기본 버드독이다.

6단계: 마지막은 같은 쪽 팔과 다리를 함께 움직이는 것이다. 이 단계는 대부분의 사람들에게 매우 어렵다.

권장 세트/반복수: 보상작용이 일어나지 않는 한도 내에서 가장 높은 단계로 2세트 10회 반복

레벨 3: 기능적 안정성

코어 컨트롤과 코어 안정성을 이해했다면, 이제 이것을 기능적 움직임으로 바꿀 수 있어야 한다. 진정으로 코어 안정성이라는 것을 이해하려면, 결국 코어 운동은 본인이 하는 스포츠 종목과 연관된 움직임으로 수행되어야 한다.[5] 내가 좋아하는 기능적 코어 안정성 운동 중 하나는 '노 핸드' 또는 '좀비' 프런트 스쿼트다.

1단계: 바벨을 가슴과 어깨 꼭대기에 두고 프런트 스쿼트 자세를 잡는다.

2단계: 손을 바벨에서 떼고, 몸 앞으로 쭉 뻗는다. 맨몸 스쿼트의 시작 자세와 비슷할 것이다.

3단계: 올바른 호흡 및 브레이싱 패턴을 사용해, 코어를 확실하게 안정화한다. 뱃속으로 크게 호흡을 들이마시고 코어 근육들을 강하게 조여 브레이싱을 해준다.

4단계: 바벨을 같은 자리에 유지하면서 풀스쿼트 깊이로 프런트 스쿼트를 수행한다. 균형을 잡기 위해 바벨은 반드시 전체 동작 내내 미드풋 위에서 유지되어야 한다. 코어 안정성을 유지하면서 동시에 몸의 균형을 유지할 수 없는 경우, 팔이 아래로 떨어진다. 바벨은 어깨에서 땅으로 굴러 떨어질 것이다.

증량을 통해 이 교정 운동의 난이도를 높일 수는 있지만, 바벨의 무게는 적정 범위 이내로 유지해야 한다. 처음에는 빈 바벨로 시작하기 바란다. 이것을 쉽게 할 수 있으면, 점진적인 증량 을 통해 난이도를 높여준다. 항상 바벨의 무게보다는 테크닉을 우선시하자.

권장 세트/반복수: 2~3세트, 5회 반복

정리

올바른 스쿼트역학이란 결국 적절한 코어 안정성을 유지하는 것이 핵심이다. 코어 안정성이 흔 들리면, 스트렝스와 파워를 잃어버리게 된다.

Notes

1. P. B. O'Sullivan, "Lumbar Segmental 'Instability': Clinical Presentation and Specific Stabilizing Exercise Management," *Manual Therapy* 5, no. 1 (2000): 2 – 12.

2. S. G. Grenier and S. M. McGill, "Quantification of Lumbar Stability by Using 2 Different Abdominal Activation Strategies," *Archives of Physical Medicine and Rehabilitation* 88, no. 1 (2007): 54 – 62.

3. M. G. Gardner-Morse and I. A. F. Stokes, "The Effects of Abdominal Muscle Co-activation on Lumbar Spine Stability," *The Spine Journal* 23, no. 1 (1998): 86 – 92.

4. J. Cholewicki, K. Juluru, and S. M. McGill, "Intra-abdominal Pressure Mechanism for Stabilizing the Lumbar Spine," *Journal of Biomechanics* 32, no. 1 (1999): 13 – 17.

5. J. M. Willardson, "Core Stability Training: Applications to Sports Conditioning Programs," *Journal of Strength and Conditioning Research* 21, no. 3 (2007): 979 – 98.

Chapter 9

오버헤드 모빌리티

대부분의 사람들이 어려워하는 운동을 하나만 꼽는다면, 그건 바로 오버헤드 스쿼트다. 오버헤드 스쿼트 테크닉을 망치는 변수는 여러 가지가 있다.

흉추, 어깨 관절, 또는 가슴/등의 모빌리티/유연성 문제는 오버헤드 스쿼트 능력에 심각한 악영향을 끼친다.

이번 장의 목표는 여러분이 집에서 간단하게 오버헤드 모빌리티 문제를 점검할 수 있는 두 가지 검사를 알려주는 것이다.

오버헤드 모빌리티 검사

광배근은 몸에서 가장 큰 근육 중 하나다. 광배근은 등 하부에서 시작해 팔까지 이어진다. 잘 발달된 광배근을 가진 운동선수들, 특히 보디빌더들은 클래식한 역삼각형 체형을 갖고 있다.

광배근이 뻣뻣한 경우, 팔을 머리 위로 들어 올릴 수 있는 범위가 제한된다. 물리치료사 그레이 쿡은 『움직임』에서, 광배근의 유연성을 평가할 수 있는 간단한 방법으로 '누운 상태의 광배근 스트레칭'을 설명했다.[1]

누운 상태의 광배근 스트레칭*

팔을 머리 위로 들고 눕는다. 이때 손바닥은 천장을 보도록 한다. 무릎을 최대한 가슴에 가깝게 둔다. 등 하부는 땅바닥에 평평하게 붙어 있어야 한다. 이 상태에서 팔꿈치를 쭉 편 채로, 머리 위로 팔을 들어서 땅바닥에 팔이 닿을 수 있는지 본다.

---

* 역주: 그레이 쿡, 『움직임』, 169~170p.

만약 팔을 바닥에 완벽하게 닿게 할 수 있다면, 광배근에 아무런 제한이 없다고 할 수 있다. 만약 팔이 공중에 떠서 달랑거린다면, 다리를 쭉 펴보자. 이때도 등 하부는 땅에 평평하게 붙어 있는 상태를 유지해야 한다. 팔이 바닥에 더 가까워지는지 확인해본다.

무엇을 발견했는가? 다리를 뻗었더니 팔이 땅에 닿았다고 하면, 광배근 유연성에 문제가 있다는 뜻일 수 있다. 다리를 펴면 광배근이 조금 느슨해져, 팔이 바닥 쪽으로 더 멀리 움직일 수 있기 때문이다.

다리를 뻗었는데도 팔이 조금밖에 움직이지 않으며, 여전히 팔을 편하게 내려놓을 수 없다면, 광배근 및 후면사슬의 제한이 문제의 원인일 수 있다.[1] 이 말은 신체 다른 곳의 요소들, 가령 굳어버린 근육 및 조직들이나 관절 제한사항 등 신체 다른 곳이 오버헤드 모빌리티 문제에 영향을 주었을 수 있다는 것이다.

월 엔젤 검사

아이들이 노는 것을 보면, 대부분의 아이들이 완벽한 오버헤드 움직임을 쉽게 만들어내는 것을 알 수 있다. 정글짐에서 놀든, 나무를 오르든 아이들은 오버헤드 모빌리티가 문제가 되는 경우가 매우 드물다! 그러나 책상에 앉아 있고, 책을 읽고, 게임을 하고, 휴대폰을 쳐다보는 등의 오랜 좌식생활의 결과로, 어른들은 나쁜 자세가 습관화된다.

오랜 시간 나쁜 자세로 지내다 보면 그 결과 흉추는 뻣뻣해질 것이고, 대흉근과 소흉근은 이에 대한 적응으로 짧아질 것이다. 월 엔젤 검사는 전체적인 오버헤드 모빌리티에 문제가 있는지 확인해보는 검사다.

흉추와 흉근의 모빌리티가 오버헤드 움직임에 어떻게 영향을 주는지 이해하기 위해, 다음의 간단한 테스트를 해보자. 등 상부와 어깨가 동그랗게 앞으로 말려 있는 구부정한 자세로 앉아보자. 이 상태에서 할 수 있는 한 최대로 팔을 머리 위로 들어보자. 이번에는 최대한 곧게 바른 자세로 앉아서 다시 한 번 머리 위로 팔을 들어보자. 차이가 느껴지는가?

바른 자세로 앉아 있을 때는, 망가진 자세로 앉아 있을 때보다 팔을 훨씬 더 높이 들 수 있을 것이다. 바른 자세로는 중량도 더 많이 들 수 있다.

먼저 등 뒤에 벽을 두고 선다. 뒤통수와 등 전체가 벽에 달라붙어 있어야 한다. 발은 벽에서 4~5인치(약 10~12.5cm) 떨어진 곳에 두도록 한다.

다음으로 미식축구 골대처럼 양팔을 좌우로 들어서 L자를 만들어준다. 뒤통수나 등 하부가 벽에서 떨어지지 않도록 하면서, 손등과 팔이 벽에 평평하게 붙도록 한다. 절대로 등 하부가 벽에서 떨어져서는 안 된다!

팔 전체가 벽에
평평하게 붙도록
할 것

등 전체가 벽에
평평하게 붙도록
할 것

약 12.5cm(5인치)
이내로 유지

이 검사를 통과하려면 등 전체가 평평하게 벽에 붙어 있어야 한다. 팔꿈치, 전완, 그리고 손이 벽에 편안하게 붙어 있어야 한다. 뒤통수 역시 벽에 붙어 있어야 한다.

팔 전체가 벽에 닿지 않고 어느 한 부분 이상이 벽에서 떨어졌다면, 어디에서 문제가 느껴졌는가? 가슴이나 등 중앙부, 또는 두 군데 모두에서 타이트함을 느꼈을 수 있다. 만약 그렇다면 나중에 다루겠지만, 등 상부 모빌리티를 개선해주면 도움이 될 것이다. 언제라도 이 과정에서 통증을 느꼈다면, 더 심각한 문제가 있을 수도 있으니 병원에 가보기를 권한다. 이 검사 도중 어딘가 실패했더라도, 원래 통과하기 어려운 검사다. 걱정하지 않아도 된다.

최종 의견

오버헤드 모빌리티에 다양한 요소가 영향을 미치는 것은 분명하다. 바벨을 들지 않은 맨손으로도 오버헤드 자세를 제대로 취할 수 없는데, 오버헤드 스쿼트나 스내치 같은 동작을 수행하면 어떻게 될까? 위의 두 검사를 통과하지 못했더라도, 걱정할 것 없다! 우리의 목적은 어디까지나 여러분의 상체 움직임 사슬에 약한 고리가 있는지 확인해보는 것이었으니까.

위의 두 검사를 모두 통과할 수 있었다면 축하한다! 전반적으로 훌륭한 상체 모빌리티를 갖고 있다는 뜻이다. 상체 스트레칭이나 모빌리제이션에 굳이 많은 시간을 쏟지 않아도 될 것이다. 당신의 소중한 시간을 혹시나 있을지 모를 신체의 다른 문제에 쏟기 바란다.

모빌리티 코너

이제 여러분이 찾아낸 오버헤드 모빌리티의 약한 고리를 해결해보자. 내가 제일 좋아하는 모빌리티 운동 몇 가지를 소개하고자 한다.

1. 모빌리제이션(관절과 연부조직)
2. 스트레칭
3. 후면사슬 활성화

관절 모빌리제이션

흉추 관절 모빌리티의 제한은 가장 먼저 다뤄야 할 문제다. 흉추가 굳어버린 경우는 폼롤링이나 스트레칭만으로는 해결할 수 없는 경우가 있다. 월 엔젤 검사에서 팔을 벽에 대는 동안 등 중앙에서 조금이라도 타이트함을 느꼈다면, 이 도구가 도움이 될 것이다!

흉추 모빌리티를 개선할 수 있는 가장 좋은 도구 중 하나는 '땅콩볼'을 사용하는 것이다. 좋은 땅콩볼을 만드는 업자들이 있지만, 꽤 비쌀 것이다. 테니스볼이나 라크로스볼을 두 개 연결해서 직접 만들면 돈을 아낄 수 있다.

흉추 관절 모빌리제이션은 뒤로 누워 팔을 몸 앞으로 교차시킨 상태에서 시작한다. 이렇게 하면 날개뼈(견갑골)가 '바깥쪽으로' 잡아당겨진다. 견갑골이 움직이면 땅콩볼을 놓을 공간이 확보된다. 테니스공이나 라크로스볼을 척추 양옆으로 놓는다.

팔을 가슴 앞에 교차시킨 채로, 어깨를 땅에서 몇 인치 가량 들어 올리면서 가볍게 크런치를 한다. 이 자세를 몇 초간 유지하고 다시 시작 자세로 돌아간다. 동작 내내 등 하부가 과신전이 되지 않도록 주의한다. 등 중앙만 움직이도록 해야 한다.

움직이는 동안 땅콩볼은 척추에 대해 마치 시소의 가운데 부분처럼 받침점으로 작용한다. 굳어버린 관절에 이 힘이 가해지면, 모빌리티를 개선하는 데 도움이 된다.

등 중앙에서 뻣뻣하고 느껴지는 각 분절마다 2~3세트 15회 반복한다.[2] 이 움직임에서 특정 척추 분절에서 딱히 굳었다는 느낌이 없으면, 다른 분절을 찾아 땅콩볼을 위나 아래로 이동한다. 척추 관절 중 몇 군데만 굳어 있는 것이 일반적이다.

이 동작을 할 때 극심한 고통이 없어야 한다. 혹시나 그렇다면 물리치료사나 카이로프랙터 같은 의료전문가를 만나보기 바란다.

연부조직 모빌리제이션

관절 제한을 다루었으니, 다음은 연부조직 경직을 해결할 순서다. 폼롤러나 라크로스볼을 사용하도록 한다. 광배근과 흉근에 제한이 있는 사람은 모빌리제이션을 매일 해야 한다!

광배근을 풀어주기 위해 한 팔을 머리 위로 들고 옆으로 눕는다. 겨드랑이 바깥쪽의 커다란 근육을 폼롤러로 풀어준다. 바로 여기가 광배근이 지나가는 자리다!

근육을 따라 위아래로 움직여주면서 혹시나 있을지 모르는 아픈 자리를 찾아보도록 한다. 아픈 곳이 있다면 다시 움직이기 전에 몇 초간 그 자리에서 멈춘다. 이 동작은 절대로 빠르게 해서는 안 된다! 그 대신 천천히 리듬감 있게 움직이도록 한다.

흉근의 경우 먼저 벽을 찾아본다. 가슴과 벽 사이에 라크로스볼이나 테니스공을 놓는다. 공을 굴리면서 아픈 위치를 찾아본다. 통증이 있는 부분을 발견하면 그 자리에서 천천히 움직여주자.

이 모빌리제이션에는 능동적인 움직임을 추가해줄 수도 있다. 아픈 부분을 발견하면, 팔을 바깥쪽으로 벌려서 움직여준다. 이렇게 해서 이 운동의 효과를 더할 수 있다.

스트레칭

연부조직 모빌리제이션이 끝나면, 다음 단계는 스트레칭이다. 오버헤드 모빌리티를 개선하는 데 있어 내가 가장 좋아하는 스트레칭을 몇 가지 소개하겠다.

1. 기도자 스트레칭
2. 코너 스트레칭
3. 폼롤러 가슴 스트레칭

누운 상태의 광배근 스트레칭 검사를 통과할 수 없었다면, 다음의 기도자 스트레칭이 도움이 될 것이다. 요가의 '아기 자세'와 비슷하다.

무릎을 꿇은 자세에서 시작한다. 엉덩이로 발 위에 앉으면서, 양손을 앞으로 쭉 뻗어준다. 이때 한 손이 다른 손 위로 올라가도록 한다. 다음으로 바닥 쪽으로 가슴을 눌러준다. 천천히 숨을 내쉬면서, 팔을 머리 위로 계속해서 뻗어준다. 가슴을 땅속으로 더 깊이 눌러준다. 광배근이 뻣뻣하다면, 등 중앙부가 쭉 늘어나는 느낌이 들 것이다. 이 자세를 30초간 유지한다.

월 엔젤 검사를 통과하지 못했다면, 다음의 흉근(대흉근, 소흉근) 스트레칭이 도움이 될 것이다. 내가 흉근 제한 문제가 있는 환자들을 다룰 때 사용하는 간단한 스트레칭 두 개가 있는데, 각각 '코너 스트레칭'과 '폼롤러 가슴 스트레칭'이라고 한다.

방의 구석진 곳으로 간다. 팔을 벌려서 L자 모양으로 만들어준다. 양손을 벽에 대고 천천히 몸을 구석 쪽으로 밀어준다. 이때 등 하부가 과신전되지 않도록 주의한다. 구석을 향해 더 많이 밀어주면, 가슴이 늘어나는 게 잘 느껴질 것이다. 연구결과 이 스트레칭은 소흉근의 길이를 늘려주는 데 가장 효과적인 방법 중 하나로 밝혀졌다.[3]

너무 강하게는 밀지 않도록 주의한다. 어깨 관절에 해로운 토크를 가하게 될 수도 있다. 목표는 흉근이 늘어나는 것을 느끼는 것이지, 어깨를 늘리는 게 아니다. 이 자세를 10~30초간 유지한다.

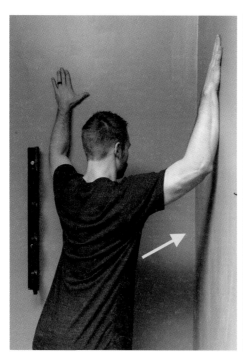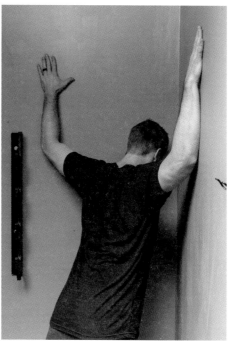

어떤 사람들에게는 코너 스트레칭이 너무 과할 수 있다. 이런 경우, 폼롤러 가슴 스트레칭도 좋은 선택지가 될 수 있다. 폼롤러 가슴 스트레칭은 하기가 더 쉬우면서도, 어깨에 가해지는 부담은 더 적다.

등을 따라서 폼롤러를 세로로 놓고 그 위에 눕는다. 폼롤러는 날개뼈 사이에 놓여 있어야 한다. PVC 파이프나 가벼운 막대기를 잡고, 머리 위로 할 수 있는 한 최대한 높게 팔을 들어 올린다. 이때 반드시 등 전체가 폼 롤러 위에 평평하게 놓여 있도록 한다. 팔이 공중에 떠 있는 동안 가슴이 살짝 스트레칭되는 느낌을 받아야 한다. 목표는 이 자세로 상체를 이완시키고, 약 30초~1분가량의 긴 시간 동안 약한 강도의 스트레칭을 유지하는 것이다.

바벨처럼 너무 무거운 물체를 사용해서는 안 된다. 어깨 관절에 과한 토크를 가할 수도 있기 때문이다. 만약 팔 아래쪽이나 손에 따끔거리는 느낌이 있다면, 스트레칭을 너무 강하게 하고 있다는 뜻이다.

후면사슬 활성화

위의 상체 모빌리티 운동들을 해준 뒤에는 새롭게 늘어난 모빌리티에 맞게 신체를 강화해야 한다. 모빌리티 제한 해결에만 집중한 나머지, 바른 자세를 유지하는 근육을 강화하는 것을 잊어버리기 쉽다! 훌륭한 오버헤드 모빌리티를 유지하기 위해서는 모빌리티 개선과 근육 강화 두 가지가 모두 똑같이 중요하다.

흉추가 굳어 있다면, 모빌리티 동작 이후에 지구력 운동을 추가해야 한다. 엎드린 상태에서 팔을 벌려 L자로 만든다. 등 중앙부에 집중하면서, 턱을 당기고 고개를 땅에서 들어준다. 견갑골 사이에 있는 근육들을 활성화하는 데 집중하면서 10초간 이 자세를 유지한다.

만약 광배근이나 흉근에 유연성 문제가 있다면, 견갑골 안정근(어깨 후면의 근육 조직과 하부 승모근) 활성화에도 초점을 두어야 한다. 이것은 다음 장의 주제로 다뤄보도록 하자!

최종 의견

교정 운동을 수행한 뒤에는 전보다 얼마나 나아졌는지 확인해보아야 한다. 모빌리티 운동 뒤에는 항상 검사-재검사를 해야 한다는 것을 잊지 말자.

위의 운동들을 하고 나면 처음 검사에서 확인했던 것보다 오버헤드 움직임이 나아질 것이다. 모빌리티 운동은 오버헤드 바벨 움직임의 테크닉 역시 개선시켜줄 것이다. 두 영역을 모두 확인함으로써, 당신이 사용했던 도구들이 원하는 변화를 이끌어내는 데 효과적이었는지 아닌지 확인할 수 있다.

위에서 소개했던 모빌리티 운동들은 절대 모빌리티를 개선해주는 마법의 약 같은 것이 아니다. 그 어떤 경직도 한 세션만에 해결되지 않는다. 그렇지만 검사-재검사 방법을 통해 움직임의 질이 조금씩 좋아지는 것을 확인하고 있다면, 분명 올바른 방향으로 가고 있는 것이다.

Notes ··

1. G. Cook, L. Burton, K. Kiesel, G. Rose, and M. Bryant, *Movement: Functional Movement Systems. Screening Assessment Corrective Strategies* (Aptos, CA: On Target Publications, 2010).

2. K. D. Johnson and T. K. Grindstaff, "Thoracic Region Self-mobilization: A Clinical Suggestion," *International Federation of Sports Physical Therapy* 7, no. 2 (April 2012): 252–56.

3. J. D. Borstad and P. M. Ludewig, "Comparison of Three Stretches for the Pectoralis Minor Muscle," *Journal of Shoulder and Elbow Surgery* 15, no. 3 (May–June 2006): 324–30.

Chapter 10

안정적인 날개뼈

어린 아이가 아버지와 함께 높은 사다리를 설치하는 것을 상상해보자. 아이가 사다리의 바닥 쪽에 무릎을 꿇고, 사다리가 넘어지지 않도록 튼튼하게 밑둥을 붙잡고 있다. 그러면 이제 아버지가 사다리를 위쪽으로 밀어서 집 옆에 기대어 놓는 것이다.

이 비유는 매번 팔을 움직일 때마다 어깨에서 일어나는 일을 정확하게 묘사하는 것이다![1] 날개뼈(견갑골)는 위의 어린 아이와 똑같은 일을 한다. 견갑골에 부착되어 견갑골을 움직이는 자그마한 근육들은, 그 기반을 안정적으로 유지해줌으로써, 우리가 팔을 '조종'하는 것을 돕는다.

머리 위에서 바벨이 움직이는 동안, 등 상부의 근육들은 모두 함께 협력해서 바벨을 올바른 위치에 유지해준다. 만약 밑둥을 붙잡아줄 아이가 없는 채로, 아버지 혼자서 높은 사다리를 세우려고 하면 어떤 일이 벌어질지 상상해보라. 그것은 재앙의 시작이 될 것이다. 견갑골의 안정성이 떨어지는 사람이 오버헤드 스쿼트나 스내치를 시도하면, 위와 똑같은 상황이 벌어지게 된다.

견갑 불안정성 검사

견갑 안정성을 평가하는 데는 여러 가지가 있지만, 집에서 해볼 수 있는 간단한 검사로 T검사와 Y검사가 있다. 이는 간단하게 견갑골을 붙잡아주는 여러 근육들(정확히 말하자면 총 17개) 중에서 문제가 의심되는 것들을 발견하기 위한 것이다.

가슴이 바닥을 바라보도록 무릎을 꿇은 자세에서 시작한다. 알파벳 T의 반쪽처럼 되도록 한 쪽 팔을 옆으로 쭉 뻗는다. 손바닥은 반드시 땅바닥을 바라보도록 한다. 파트너에게 옆으로 뻗은 팔을 아래로 3초간 눌러달라고 한다. 팔이 움직이지 않도록 버텨보자!

이번에는 알파벳 Y처럼 되도록 옆으로 뻗은 팔을 위쪽으로 올린다. 이번에도 파트너에게 옆으로 뻗은 팔을 아래로 3초간 눌러달라고 한다. 팔이 아래로 떨어지지 않도록 최대한 버틴다.

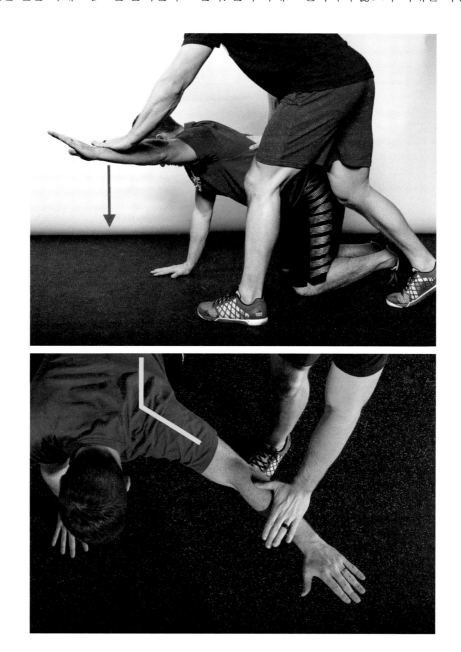

무엇을 느꼈는가? 팔이 떨어지지 않도록 버티는 것이 쉬웠는가 아니면 어려웠는가? 만약 팔이 아래로 떨어지는 것을 버티기 어려웠다면, 견갑 안정성이 떨어진다고 볼 수 있다.

최종 의견

견갑 안정성이 떨어지는 사람은 오버헤드 스쿼트와 바벨 스내치의 움직임에서 자주 어려움을 겪는다. 이를 개선하지 않고 내버려두면 향후 어깨나 팔꿈치 통증의 시발점이 될 수도 있다. 건강을 유지하고, 당신의 진정한 스트렝스 잠재력을 확인하고 싶다면, 오버헤드 리프팅 동작들에서 견갑골 안정화에 집중하는 것이 필수적인 일이라 하겠다!

교정 운동 코너

이제 내가 가장 좋아하는 오버헤드 불안정성 교정 운동 두 가지를 설명해보겠다.

1.   외회전 프레스
2.   케틀벨 터키시 겟업

각각의 운동을 수행할 때, 본인의 자세에 집중하기 바란다. 가령 라운드 숄더처럼 잘못된 자세로 운동을 수행하는 것은 우리가 해결하려는 문제를 악화시킬 뿐이다. 오버헤드 안정성의 개선점이 지속되기를 원한다면, 반드시 올바른 자세를 지키도록 하자!

외회전 프레스

스내치나 오버헤드 스쿼트를 할 때 바벨을 머리 위로 유지하는 것이 어려운 사람은, 바벨을 앞쪽으로 자주 떨어뜨릴 것이다. 이 문제를 해결하기 위해 바벨이 앞으로 떨어지는 것을 막아주는 근육들(어깨 뒤편의 견갑 안정근들)을 활성화하는 데 집중할 필요가 있다.

1단계(로우): 오른손으로 고무밴드를 잡는다. 로우를 하듯이 밴드를 당긴다. 팔이 바닥과 평행한 상태에서, 팔꿈치 앞에서 손을 멈춘다. 이렇게 하면 날개뼈를 안정시키는 근육들이 개입한다.

2단계(외회전): 이 자세에서 어깨를 뒤쪽으로 회전시킨다. 팔꿈치가 알파벳 L처럼 90도로 구부러진 채로, 손은 천장을 바라본다.

3단계(프레스): 손을 머리 위로 밀어서 그 자세로 5초간 버틴다. 팔이 앞으로 떨어지는 것을 막느라, 견갑골 안정화 근육들에 힘이 많이 들어간다.

4단계: 앞의 순서를 반대로 밟아 처음 자세로 돌아온다. 팔을 낮춰서 알파벳 L자 자세로 만든다. 팔이 땅과 평행해질 때까지 앞쪽으로 회전시킨다. 마지막으로 팔을 앞으로 밀어서 동작을 끝마친다.

권장 세트/반복수: 오버헤드 포지션에서 5초씩 멈춰주면서 한 팔당 10회 반복

케틀벨 터키시 겟업

겟업은 동작을 진행하면서 견갑 안정성을 만들어낼 수밖에 없도록 한다. 각각의 동작이 진행되는 동안, 팔을 안정시키는 모든 근육들이 케틀벨이 앞으로 떨어지지 않도록 힘을 쓰게 된다.

1단계: 뒤로 누워서 시작한다. 왼쪽 다리는 쭉 편 채로, 오른쪽 무릎은 구부려준다. 오른손에 가벼운 케틀벨을 든다. 케틀벨을 천장을 향해 밀어 올린다.

2단계: 왼쪽 팔꿈치를 기둥삼아 버티면서, 몸을 왼쪽으로 회전시킨다. 이때 전환구간에서 왼발이 땅에서 떨어지지 않도록 주의한다. 몸을 회전시키면서 왼쪽 뒤꿈치를 땅 속으로 박아넣는다고 생각하자.

　케틀벨이 앞으로 떨어지지 않게 주의하자! 오른손이 케틀벨이 아니라 물컵을 들고 균형을 잡는다고 상상하면 도움이 된다. 팔이 떨어지면, 물이 엎질러질 것이다.

3단계: 몸을 위로 밀어서 사이드 플 랭크 자세를 만든다. 잠시 멈춰서 견갑골을 느껴보자.

4단계: 왼쪽 발을 몸 아래로 당기 고, 왼쪽 무릎 위로 체중을 이동시 킨다. 이 자세에서 다시 3초간 멈 춘다.

5단계: 몸을 앞쪽으로 틀어서 앞뒤로 다리를 벌리고 무릎을 꿇은 자세를 취한다. 여기서 3초간 멈춘다. 어깨 뒤쪽 근육들에 힘이 들어가는 것을 느껴본다.

6단계: 머리 위로 팔을 쭉 편 채로, 락아웃 상태를 유지하면서 곧게 일어선다.

7단계: 지금까지의 순서를 반대로 따라가면서 다시 땅에 눕는다. 더 무거운 케틀벨을 사용해 난이도를 높일 수 있다. 케틀벨 대신 바벨을 사용해서 난이도를 더 높일 수도 있다.

권장 세트/반복수: 3세트씩 10회 반복

최종 의견

통증 없이 올바른 테크닉으로 오버헤드 바벨 리프팅을 수행하고 싶다면, 견갑 안정성을 개선하고 유지하는 것이 필수적인 일이라 하겠다.

Notes ....

1. Terry GC, Chopp TM. Functional anatomy of the shoulder. J of Athl Training. 2000;35(3): 248-255.

Chapter 11

스쿼트 미신 타파

딥스쿼트는 무릎에 안 좋다?

스쿼트는 거의 모든 저항 훈련 프로그램에 포함되는 기본적인 운동이다. 스트렝스와 파워를 얻기 위해, 나이나 기술 수준에 상관없이 운동하는 사람이라면 누구나 바벨 스쿼트를 한다. 그러나여전히 스쿼트의 안전성에 관한 논란이 많다. 최적의 스쿼트 깊이에 대해서는 수많은 의견들이있다. 어떤 전문가들은 할 수 있는 한 최대한 깊게 앉는 ATG_Ass-To-Grass 스쿼트만이 유일한 방법이라고 주장하는 반면, 어떤 사람들은 딥스쿼트는 무릎에 나쁘니 절대로 해서는 안 된다고 믿는다. 자, 누구를 믿어야 할까?

사진 제공: 브루스 클레멘스

스쿼트 역사학 개론

먼저 딥스쿼트에 대한 공포가 어디서부터 시작된 건지 알아보는 게 순서겠다. 1950년대로 시간을 되돌려보자. 딥스쿼트의 안전성 논란을 추적하다보면 칼 클라인 박사Dr. Karl Klein를 만나게 된다. 그 당시의 과제는 대학 미식축구팀 선수들의 심각한 무릎 부상이 왜 자꾸 늘어나는지 그 원인을 찾는 것이었다. 클라인 박사는 부상의 원인이 팀 웨이트 트레이닝 때 했던 최대 가동 범위의 딥스쿼트에 있지 않을까 추측했다. 그는 직접 만든 조잡한 장비로 딥스쿼트를 자주 수행하는 역도인들의 무릎을 분석했다.

1961년, 그는 딥스쿼트가 무릎의 인대들을 잡아 늘린다는 연구결과를 발표했다.[1] 그는 이 연구결과가 사람들이 딥스쿼트를 하는 것이 무릎의 안정성을 해치고, 잠재적 부상에 노출된다는 증거라고 주장했다. 이어서 그는 모든 스쿼트는 패럴렐 깊이까지만 앉을 것을 권고했다.

클라인의 주장은 《Sports Illustrated》의 1962년호에 소개되었다. 이 사건은 사람들의 무릎을 안전하게 지키는데 클라인이 필요로 했던, 딥스쿼트에 대한 공포를 널리 퍼뜨리는 기폭제가 되었다. 곧 미국의학협회(AMAAmerican Medical Association)에서도 딥스쿼트의 위험성을 경고하는 성명을 내놓았다.[2] 해병대는 체력 훈련 프로그램에서 스쿼트 점프 훈련을 빼버렸다.[2] 심지어 뉴욕의 교육감은 체육 수업에서 풀스쿼트를 가르치는 것을 금지해야 한다는 입장문을 발표했다.[2]

어떤 사람들은 클라인 박사의 주장에 동의하지 않았다. 1964년 5월, 그 유명한 《Strength and Health》의 정기 칼럼니스트였던 존 펄스캄프 박사는 다음과 같이 썼다. '풀스쿼트는 무릎에 악영향을 주지 않으며, 무릎 부상의 공포로 인해 훈련에서 제외되어서는 절대로 안 된다.'[3] 펄스캄프 박사의 노력에도 불구하고, 이미 클라인 박사가 미친 영향은 굉장했다. 1960년대 말이 되자 미국 전역의 스트렝스 코치들은 풀스쿼트를 가르치지 않게 되었다. 심지어는 스쿼트 자체가 훈련 프로그램에서 아예 빠져버린 경우도 있었다.[1]

운동과학의 발달과 생체역학의 연구 덕분에, 이제 사람들은 스쿼트 도중 작용하는 힘들에 대해 훨씬 더 많이 알게 되었다. 딥스쿼트를 할 때 무릎 관절에 실제로는 어떤 일이 일어나는지, 지난 몇 십 년간 우리가 알아낸 내용들을 살펴보도록 하자.

스쿼트학(學) 개론

스쿼트를 할 때, 무릎에는 두 종류의 힘이 작용한다. 전단력과 압축력이다. 전단력은 무릎 안쪽의 두 뼈(대퇴골과 경골)가 서로 반대방향으로 움직이려고 하는 힘의 크기로 측정된다. 전단력이 커지면 무릎 안쪽의 인대들(전후방 십자인대)에 악영향을 미칠 수 있다. 이 작은 인대들은 무릎이 앞이나 뒤로 과하게 움직이는 것을 막아주고, 무릎을 안정적으로 붙잡아주는 중요한 구조물들이다.

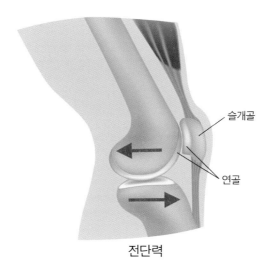

전단력

압축력은 신체의 서로 다른 두 부분이 서로를 밀어내려 하는 압력의 크기를 말한다. 무릎은 두 부분에서 압축력이 작용한다. 먼저 반월상연골은 경골과 대퇴골 사이에서 발생하는 충격을 흡수한다. 두 번째 압축력은 슬개골의 뒤쪽 면과 대퇴골 사이에서 발생한다. 스쿼트를 할 때 무릎이 구부러짐에 따라, 슬개골과 대퇴골이 만난다. 스쿼트 깊이가 깊어질수록 슬개골과 대퇴골의 접촉 정도는 점점 커지게 된다.

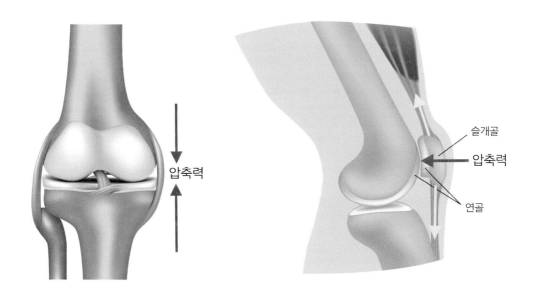

전단력과 압축력을 살펴보면, 이 두 힘이 보통 반대로 작용하는 것을 알 수 있다. 다시 말해 스쿼트를 할 때 무릎이 구부러지면, 압축력은 증가하지만 전단력은 감소한다는 것이다.[4]

인대 안전성

의학계의 일부 사람들은 인대에 너무 과한 부담을 준다며 딥스쿼트에 대해 경고한다. 그러나 이는 전혀 과학적인 근거에 기초해 있지 않은 것으로 보인다.

과학적 연구를 통해 우리는 딥스쿼트의 최하단 구간에서 무릎 내부 인대들이 사실은 매우 작은 부하를 받는 것을 알고 있다. 전방십자인대는 가장 잘 알려진 무릎인대다. 미식축구, 농구, 축구, 라크로스 등 미국에서 인기가 많은 종목들에서 전방십자인대 부상은 매우 흔하게 일어난다. 스쿼트 도중 전방십자인대에 가해지는 부하가 가장 큰 순간은 하강을 시작하고 난 직후의 첫 4인치(약 10cm) 정도 구간으로, 무릎이 약 15~30도 정도 구부러져 있을 때다.[5] 더 깊이 내려갈수록, 전방십자인대에 걸리는 부하는 유의미하게 줄어든다. 사실 지금까지 측정된 바로는 스쿼트 도중 전방십자인대에 걸렸던 가장 큰 부하조차도, 전방십자인대가 버틸 수 있는 최대 부하(인대가 찢어지지 않고 버틸 수 있는 최대치)의 25%밖에 되지 않는다.[6]

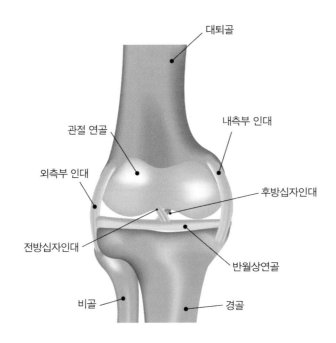

후방십자인대는 무릎 내부의 두 번째 인대다. 스쿼트를 할 때 후방십자인대는 패럴렐 스쿼트보다 살짝 높게 앉은 상태인, 무릎이 약 90도 정도일 때 가장 큰 부하를 받는다.[7] 스쿼트를 할 때 전방십자인대가 그렇듯 후방십자인대 역시 절대로 너무 과한 부하에 노출된다거나 하지 않는다. 지금까지 측정된 후방십자인대에 걸렸던 가장 큰 부하라고 해봐야, 젊은 사람의 후방십자인대가 버틸 수 있을 것으로 추정되는 예측값의 50%밖에 되지 않는다.[7]

사실 지금까지의 과학적 연구결과는 스쿼트를 더 깊게 할수록 무릎인대는 안전하다는 것을 보여주었다. 압박이 증가함에 따라 해로운 전단력은 극적으로 감소한다. 다리 근육들 역시 다 같이 협력하여 무릎을 안정시킨다. 스쿼트를 할 때 햄스트링은 대퇴사두근과 함께 작용해서 무릎 내부에서 일어나는 과한 움직임을 막아준다.[4]

따라서 스쿼트를 아무리 깊게 앉더라도 전후방 십자인대를 다칠 일은 없다!

무릎안정성

클라인 박사의 연구결과에 따르면 딥스쿼트를 하면 무릎을 잡아주는 인대들이 늘어나서, 영구적으로 무릎이 불안정해진다고 한다. 그러나 이 주장은 그 뒤로 단 한 번도 같은 결과가 재현된 적이 없다. 심지어 한 연구에서는 클라인이 사용했던 실험도구의 복제품을 만들어 그들의 연구에 사용했다. 그러나 그 연구결과는 클라인 박사의 결과를 부정하는 것이었다. 딥스쿼트를 했던 사람이나 패럴렐 깊이까지만 스쿼트를 했던 사람이나, 무릎인대의 이완 정도에는 차이가 없었다.[8]

사실 과학적 연구결과는 딥스쿼트가 무릎안정성을 증가시켜, 무릎을 보호하는 효과가 있을 수도 있다는 것을 보여주었다. 1986년, 한 연구자들이 파워리프터들과 농구선수들, 그리고 러너들의 무릎안정성을 비교했다. 실제로는 한 시간 넘게 연습을 한 직후의 농구선수들이나 10km를 달린 직후의 러너들보다, 고중량 스쿼트를 하고 난 파워리프터들의 무릎이 더 안정적이었다.[9] 1989년의 또 다른 연구는 지금껏 단 한 번도 스쿼트를 해보지 않았던 사람들보다, 역도 선수들이나 파워리프터들의 인대가 덜 느슨하다는 결과를 보여주었다.[10] 계속해서 수많은 연구결과들은 딥스쿼트가 건강한 사람의 훈련 프로그램에 포함시키기에 안전한 운동임을 보여주고 있다.

딥스쿼트가 무릎에 안 좋은 것은 언제인가?

딥스쿼트에서 오는 무릎 손상은 이론상으로는 대개 과도한 압축력에 의한 것이다. 어떤 사람들은 딥스쿼트는 무릎에 압축력을 증가시키기 때문에, 반월상연골과 슬개골 뒤쪽의 연골을 마모시킨다고 주장한다. 압박이 증가하면 더 쉽게 부상을 당할 수 있을지는 모르나, 과학적으로 그러한 인과관계가 증명된 적은 단 한 번도 없다!

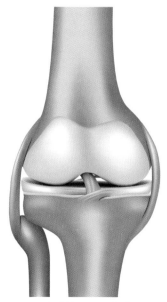 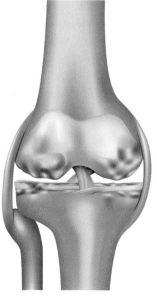

건강한 무릎 관절   골관절염

만약 위 주장이 사실이었다면 수많은 역도 선수들과 파워리프터들이 무릎관절염으로 고생하고 있었을 것이다. 다행히 실제로는 그렇지 않다. 장기간의 웨이트 트레이닝이 무릎의 연골을 마모시킨다는 증거는 거의 없다. 딥스쿼트의 최하단부에서 체중의 6배에 달하는 부하가 무릎에 가해지는 엘리트 역도 선수들과 파워리프터들이, 여러분이나 나와 비교했을 때 실제로는 더욱 건강한 무릎을 갖고 있다.[11]

사진 제공: 브루스 클레멘스

딥스쿼트에 대한 고려사항

어떤 사람의 최적의 스쿼트 깊이를 결정할 때, 모든 코치들은 반드시 몇 가지 사항을 고려해야 한다. 누구나 맨몸 풀스쿼트는 할 수 있어야 한다. 여기에 예외는 없다. 그러나 바벨 스쿼트의 깊이는 본인이 하는 종목의 요구 조건에 따라 달라져야 한다. 가령 역도 선수의 경우 역도 플랫폼에서 최대한 무겁게 들기 위해, 풀스쿼트에서의 스트렝스를 길러야 한다. 반면 축구 선수의 경우 바벨 ATG 스쿼트가 필수적인 것은 아니다. 축구 선수는 패럴렐 깊이의 스쿼트만으로도 여전히 충분한 스트렝스와 파워를 얻을 수 있다.

과거 병력 역시 최적의 스쿼트 깊이를 정할 때 고려해야 할 사항이다. 사람들은 퍼포먼스 상승을 위해 종종 통증을 무시해버리곤 한다. 훈련할 때는 "고통 없이는 아무것도 얻을 수 없다"라거나 "통증과 부상의 차이를 알아야 한다"와 같은 말들을 그대로 받아들여서는 안 된다. 통증은 마치 자동차의 경고등과 같은 것이다. 경고등은 차 어딘가에 문제가 있다는 뜻이다. 경고등을 무시했다가 엔진에까지 문제가 생길 수 있는 것처럼, 통증을 무시하고 훈련을 밀어붙이는 것 역시 신체의 부상으로 이어질 수 있다. 따라서 무릎에 통증이 있는 경우, 딥스쿼트가 최선의 선택이 아닐 수도 있다. 계속해서 다른 사람들과 경쟁하면서 아프지 않고 건강하게 지내고 싶다면, 스쿼트의 깊이는 반드시 통증이 없는 가동 범위 내로 제한되어야 한다.

테크닉이 좋지 않을 경우에도 스쿼트 깊이를 제한해야 한다. 서툰 움직임은 그저 부상의 위험성만 높일 뿐이다. 사람의 몸은 정교하게 튜닝한 스포츠카와 같다. 끊임없이 페달을 강하게 밟아대면서 과격한 턴을 해대면 차가 빠르게 망가질 것이다. 스쿼트도 이와 똑같다. 움직임이 형편없는데 고중량을 들어봤자, 그것은 어디까지나 부상을 입기 전까지나 가능한 이야기다. 서툰 움직임으로 풀스쿼트를 하는 것은 부상당하기에 딱 좋은 방법이다.

그렇다면 1964년 이후로 우리가 알아낸 것은 무엇일까? 일반적인 믿음과 달리, 우리는 ATG 스쿼트 또는 딥스쿼트라고 부르는 것이 실제로는 클라인 박사가 주장했던 것처럼 위험하지 않다는 것을 알고 있다. 연구결과들은 계속해서 건강한 사람이 딥스쿼트를 하는 것이 무릎에 나쁘다는 주장을 뒷받침하지 못하고 있다.

지나치게 무거운 중량을 사용하지 않는 한, 건강한 무릎을 가진 사람들은 풀스쿼트를 한다고 해서 부상을 당하지 않는다. 올바른 훈련 프로그램이라면 지속적인 무거운 부하가 혹시라도 가져올지 모르는 악영향을 줄이기 위해, 연중 계속해서 저강도, 중강도, 고강도를 모두 아우르는 훈련 주기를 사용해야 한다. 이제 여러분은 풀스쿼트에 대해 더욱 잘 알게 되었을 것이다. 걱정하지 말고 얼마든지 깊게 앉아도 좋다!

무릎이 발끝을 넘어가도 되는가?

많은 사람들이 스쿼트를 할 때, 무릎이 절대로 발끝을 넘어가면 안 된다고 믿는다. 최근 나는 미주리대학에서 물리치료 전공 학생들을 대상으로 강의를 했었다. 수업에서 학생들에게 다음의 간단한 질문을 했다. "여기서 스쿼트할 때 무릎이 발끝을 넘으면 안 된다고 생각하는 사람 있나요?" 수업에 있던 모두가 손을 들었다. 나의 대답은 "여러분 모두 틀렸습니다"였다.

도대체 어디서 이런 말이 생겨났는지 정확히 아무도 모른다. 그렇지만 이 말은 오늘날 피트니스업계와 의학계에 널리 퍼져 있다. 심지어 NSCANational Strength and Conditioning Association(미국체력관리협회)의 올바른 스쿼트 교수법 가이드라인에도 포함되어 있다.[12]

그렇지만 이게 정말로 그렇게 위험한 것일까? 2005년 이래로, 나는 미국 최고의 역도 선수들과 함께 훈련하고, 경쟁하며, 그들을 관찰할 수 있었다. 최대한 무겁게 클린을 하려면, 역도 선수들은 반드시 딥스쿼트 자세로 바벨을 받아내야 한다. 가슴 위에 바벨을 올린 채로 상체를 꼿꼿하게 세우기 위해, 수많은 리프터들의 무릎이 발끝을 넘어간다. 매번 바벨을 들어 올릴 때마다 역도 선수들이 자기의 무릎을 박살내고 있는 것인가?

무릎이 발 위에 오도록?

스쿼트를 할 때 발끝이 무릎을 넘어가면 안 된다는 말은 그저 더 심각한 문제를 막기 위해 급히 생각해낸 큐일 뿐이다. 잘 생각해보면 이 큐를 처음 만들었던 것은 분명 좋은 의도가 있었던 스트렝스 코치나 물리치료사였을 것이다.

사람들이 스쿼트를 이상하게 할 때는, 보통 발목이 먼저 움직인다(ankles-first). 발목이 움직이면, 무릎은 앞쪽으로 접힌다. 그러면 체중은 발볼을 따라 앞쪽으로 실린다. 이러한 형태의 움직임 문제점을 '니 퍼스트knees-first'라고 부른다. 이렇게 움직이면 무릎 관절에는 더 강한 전단력이 가해지고, 부상 위험이 높아지며, 결국에는 통증으로 이어진다.[4]

많은 사람들에게, 이건 무릎의 문제처럼 보일 것이다. 무릎을 앞으로 움직여서, 스쿼트를 이상하게 하는 사람들은 자주 통증을 겪게 된다. 따라서 무릎의 전방 움직임을 막아주면 문제가 해결될 것이다. 그렇지 않은가? 그러나 무릎의 움직임을 제한하는 것은 그저 더 심각한 문제의 증상만을 다룰 뿐이다.

진짜 중요한 문제는 균형이다. 무릎은 경첩 관절에 불과하다. 무릎은 발목과 고관절이 어떻게 움직이느냐에 따라서 앞쪽으로 움직이는 관절이다. 따라서 스쿼트를 할 때 진정 신경을 써야 할 것은 무릎이 아니라, 바로 고관절과 발목 관절이다. 다음 페이지의 왼쪽 그림을 참조하라.

균형이 깨졌다   올바른 균형 상태

스쿼트 절대 원칙 중 하나는 무게중심이 반드시 미드풋 위에서 유지되어야 한다는 것이다. 그래야 균형이 잘 잡힌 상태에서 몸이 효율적으로 스트렝스와 파워를 만들어낼 수 있기 때문이다. 맨몸 스쿼트를 할 때 무게중심은 배꼽 근처에 있다. 웨이트 트레이닝을 할 때는, 바벨이 무게중심이 된다. 이때 움직임의 효율성은 미드풋 위에 바벨을 얼마나 잘 유지할 수 있냐에 따라 결정된다. 위 오른쪽 그림을 참조하기 바란다.

무릎의 전방 움직임이 너무 빨리 나타나면, 무게중심은 발볼 쪽으로 이동한다. 따라서 무릎의 전방 움직임을 막으라는 큐는 사실 무게중심이 이동하는 문제를 교정하기 위한 것이다. 따라서 이것은 무릎 관절 자체와는 관련이 없으며, 리프터로 하여금 스쿼트 도중 균형을 잡도록 하는 내용인 것이다.

스쿼트 싯백

그러면 발목이 먼저 움직이는 것을 어떻게 수정할 것인가? '뒤로 앉아라sit back' 또는 '엉덩이를 뒤로 밀어라'는 큐를 사용하면 스쿼트 하강 구간에서 발목이 아니라, 고관절이 먼저 움직이게 할 수 있다. 이렇게 하면 몸의 파워 하우스(후면사슬)가 개입한다. 그러면 무릎이 너무 이른 시기에 앞쪽으로 움직이는 것을 막을 수 있다. 그리고 리프터의 무게중심이 미드풋 위에 유지되도록 할 수 있다.

그러나 무릎의 전방 움직임을 막으라는 큐는 그저 어느 정도 수준까지만 유효할 뿐이다. 풀 스쿼트 깊이에 도달하려면, 언젠가는 반드시 무릎이 앞으로 움직여야만 하는 때가 온다. 더 깊게 스쿼트를 할수록, 무릎이 더 많이 앞으로 움직여야 균형을 잡을 수 있다. 의료계의 사람들에게는 이 생각이 이상하게 느껴질 수도 있다. 설명해보겠다.

풀스쿼트 깊이에 도달하려면, 고관절이 언젠가는 반드시 몸통보다 아래로 내려가야 한다. 그 래야 균형을 잡은 채로 가슴을 곧게 세울 수 있다. 무릎은 고관절과 발목이 어떻게 움직이느냐에 따라 움직이는 경첩 관절이기 때문에, 이 시점에서 무릎은 반드시 앞쪽으로 움직일 수밖에 없다.

무릎이 발끝을 지나서 그보다 더 앞쪽으로 움직이는 것은 매우 정상적이다. 결국 가장 중요 한 문제는 무게 배분과 함께 무게중심을 미드풋 위에 유지할 수 있는 능력이다.

우리는 무릎이 발끝을 '넘어가지 않도록' 신경 쓸 것이 아니라, 무릎이 발끝을 '넘어갔을 때' 어떻게 하는가에 신경을 써야 한다.

바벨 스쿼트

일반적으로 파워리프팅에서는 로우바 스쿼트를 한다. 로우바는 바벨을 날개뼈(견갑골)의 가운데 위에 고정시킨다. 파워리프터들은 스쿼트를 할 때 미드풋에서 무게중심을 맞추기 위해, 상체를 기울인 채로 '힙 백hips back'이라는 접근을 한다. 이렇게 하면 바벨의 무게 대부분을 엉덩이의 힘으로 들면서도, 무릎의 전방 움직임은 최소화할 수 있다.[13] 고관절은 무척 강력하기 때문에, 파워 리프터들은 이 방법으로 1,000파운드(약 453kg) 이상을 들어 올린다!

사진 제공: 브루스 클레멘스

그러나 로우바 스쿼트 테크닉은 특정 지점 이상을 넘어 더 깊이 앉을 수 없다. 만일 로우바 스쿼트로 ATG 스쿼트를 시도하면, 결국에는 아코디언처럼 반으로 접혀버릴 것이다!

역도에서는 보통 하이바, 프런트, 오버헤드 스쿼트를 한다. 이 바벨 움직임들은 선수들이 대회에서 하는 스내치, 클린 & 저크의 움직임을 닮았다. 이 운동들은 상체를 수직에 가깝게 세운 상태로 유지하기 위해서, 고관절과 무릎 간에 조금 더 균형 잡힌 접근을 요구한다. 역도 선수들은 굉장한 무게를 효율적으로 들어 올리기 위해 반드시 가능한 최대한 깊게 앉을 수 있어야 한다.

결국 무릎이 조금 더 앞으로 움직이도록 함으로써, 역도 선수들은 넘어지지 않고 깊게 앉으면서 클린이나 스내치를 할 수 있게 된다. 이러한 이유로 역도 선수들은 파워리프터들이 사용하는 로우바 테크닉으로는 프런트 스쿼트를 수행할 수 없다.

사진 제공: 브루스 클레멘스

　무릎이 앞으로 나가 있는 딥스쿼트 자세에서 전단력이 증가하기는 하지만, 인체는 이를 부상의 위험 없이 적절하게 다룰 수 있다.[4] 올바르게 '힙 퍼스트'로 접근을 했다면, 무릎이 발끝을 넘어가는 것은 안전한 것은 물론이요, 반드시 필요한 일이다.

정리

다음에 누군가 스쿼트를 하는 것을 본다면, 어떤 관절이 먼저 움직이는지에 집중하기 바란다. 스쿼트 움직임이 어설픈 사람은 '니 퍼스트'로 무릎부터 움직일 것이다. 반면, 스쿼트를 잘하는 사람은 언제나 고관절이 먼저 뒤로 움직일 것이다.

　지금까지 과학적 연구결과는, 건강한 사람의 무릎은 딥스쿼트의 최하단에서 안전하다는 것을 보여주었다.[4,14] 이러한 결과를 반박하는 결과는 없다. 너무 과도한 중량을 사용하지 않으며, 좋은 테크닉을 사용하면, 스쿼트의 최하단 구간에서 고관절이 제대로 아래로 내려가기 위해서, 무릎은 반드시 앞쪽으로 움직여야 하며, 또 얼마든지 그럴 수 있는 능력이 있다.

　스트렝스 코치 마이클 보일은 언젠가 이런 글을 쓴 적이 있다. '무릎이 어디로 움직이느냐는 중요한 문제가 아니다. 그보다는 무게중심 배분이 어떻게 되어 있는지, 그리고 어떤 관절이 먼저 움직이는지에 신경을 써야 한다.'[15] 무릎은 경첩 관절이라는 것을 기억해야 한다. 무릎이 발과 방향을 맞추어 안정적으로 유지만 된다면, 여기에 대해서는 신경 쓰지 않아도 된다. 결국 고관절을 먼저 움직이는 것과, 균형을 잡고 유지하는 것이 올바른 스쿼트의 전부라 하겠다. 그러면 나머지 문제들은 알아서 저절로 해결될 것이다.

발끝은 앞으로 둘까? 옆으로 벌릴까?

최근 스쿼트 유니버시티 세미나에서, 왜 항상 내가 사람들한테 발끝을 앞으로 두고 스쿼트하는 걸 보여달라고 하는지 이유를 궁금해 하는 사람을 만났다. 이 질문을 받은 것이 처음은 아니다. 스쿼트를 할 때 발의 위치를 어떻게 하느냐에 대해서 지금의 피트니스업계에는 많은 논란이 있다. 어떤 전문가들은 발끝을 항상 앞으로 두라고 한다. 다른 사람들은 발끝을 밖으로 돌려야 한다고 한다. 그래서 둘 중 어떤 게 맞을까?

사실 이것은 함정 문제다. 정답은 둘 다 맞다이다. 지금부터 설명해보겠다.

발끝을 앞으로 해야 한다는 측의 주장

스쿼트는 움직임이 먼저요, 운동은 그 이후로 바라보아야 한다. 나는 누군가 새로운 사람을 검사할 때, 그 사람이 맨발로 발끝을 앞으로 두게 해서 스쿼트를 하는 능력이 보고 싶다. 나의 목적은 그 사람의 움직임을 평가하는 것이다. 이 방법을 통해서 그 사람의 약점을 파악할 수 있다.

발끝이 앞을 바라보면, 발끝을 벌리고 할 때보다 스쿼트를 하는 게 더 힘들다. 이 부분에 대해서는 이견이 별로 없을 것이라 생각한다. **바로 이것이 이 검사의 핵심이다.**

발끝을 앞으로 둔 채로 풀스쿼트를 하려면, 충분한 수준의 발목 및 고관절 모빌리티와, 골반/코어 컨트롤이 필수적으로 갖춰져 있어야 한다. 여기에 충분한 수준의 협응력과 밸런스 역시 있어야 한다. 발끝을 바깥으로 돌리면, 대부분의 사람들은 조금 더 상체를 세운 상태로 풀스쿼트가 가능하다. 가끔 어떤 사람들은 비정상적인 해부학적 사유로 인해 딥스쿼트 자세를 취할 수 없다. 어떤 사람들은 유전적 기형을 갖고 태어나기도 한다. 다시 말하면, 거의 모든 사람들은 ATG 스쿼트의 깊이까지 앉을 수 있어야 한다는 뜻이다.

맨몸 스쿼트는 다른 육체활동들, 가령 점프나 착지 같은 움직임의 기초가 된다. 많은 무릎 부상들이 발끝이 바깥을 향하고 있거나, 무릎이 안으로 무너진 채로 착지할 때 발생한다. 점프와 방향 전환을 해야 하는 선수들은 무릎이 안으로 무너진 상태에서 회전하면서 전방십자인대가 찢어질 수 있다. 나의 목적은 이런 선수들이 좀 더 좋은 테크닉으로 착지하고 점프하도록 하는 것이다. 그렇게 선수들의 심각한 부상을 줄이는 것이다.

발끝을 벌려야 한다는 측의 주장

바벨을 붙잡는 순간부터 스쿼트는 이제 운동이 된다. 따라서 움직임 패턴이 조금 더 스포츠 특이적으로 살짝 달라져야 한다. 여기에는 발끝을 바깥으로 살짝 돌리는 것이 포함된다. 이렇게 하면 스쿼트에서 역학적 이득을 얻을 수 있다. 조금 더 넓은 기저면을 얻을 수 있는 것은 물론이요, 골반 컨트롤과 모빌리티도 최대 범주까지 필요하지 않아 부담이 덜하기 때문이다.[19]

이러한 이유로 어떤 사람들은 발끝을 밖으로 돌리면 스쿼트를 할 때 더 깊게 앉을 수 있는 것이다. 고관절을 외회전시킴으로써, 더 깊게 앉을 수 있으면서도 눈으로 보기에도 더 나은 스쿼트를 할 수 있는 것이다.

고관절이 외회전하면, 다리 내측의 내전근군(群)의 길이가 늘어난다. 스쿼트를 하면서, 이 근육들은 힘을 쓰기 더 좋은 위치가 된다(길이-장력 관계). 다시 말하면 스쿼트를 할 때 발끝을 살짝 밖으로 돌려줌으로써 내전근 무리가 활성화되고, 이들을 더 큰 수준으로 동원할 수 있다는 뜻이다.[17] 특히 대내전근은 스쿼트에서 일어설 때의 동작인 고관절 신전을 도와준다.[18] 내전근을 더 많이 쓴다는 것은 바벨을 더욱 강력하고 효율적으로 움직일 수 있다는 뜻이다.

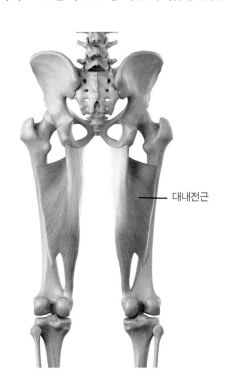

— 대내전근

그렇지만 발끝을 벌리는 것은 내전근 근육 무리의 활성화만이 달라질 뿐이다. 스쿼트의 주동근이 되는 둔근이나 사두근의 활성화 정도는 유의미하게 달라지지 않는다.[16] 연구에 따르면 발끝을 30도 이상 벌리는 것은 효과가 떨어지는 것으로 밝혀졌다.[17] 이러한 이유로 발끝은 10~30도 정도 벌리는 선에서 바벨 스쿼트를 수행해야 한다. 언제나 본인의 신체에 가장 편안하다고 느껴지는 자세를 사용해야 한다. 그 어떤 스쿼트도 절대로 동일하지 않다는 것을 기억하기 바란다. 바벨 스쿼트에서 여러분과 여러분의 친구가 서로 다른 스탠스를 사용하는 것은 너무나 당연한 일이다.

최종 의견

내 주장은 간단하다. 나는 누구나 발끝을 앞으로 둔 채로 맨몸 스쿼트를 할 수 있어야 한다고 믿는다. 만일 이것을 할 수 없다면 그렇게 할 수 있도록 노력해야 한다. 바벨 스쿼트를 할 때는 최적의 퍼포먼스를 위해 발끝을 밖으로 돌리는 것을 추천한다.

이것이 바로 훈련과 검사의 차이점이다. 검사는 움직임의 제한사항을 찾아내고 보여주어야 한다. 훈련은 현재의 동작 역량을 더욱 강화하고, 튼튼하게 해주어야 한다. 사람들을 코칭할 때, 당신은 마땅히 검사와 훈련의 차이를 알고 활용할 수 있어야 한다.

Notes

1. T. Todd, "Historical Opinion: Karl Klein and the Squat," *National Strength and Conditioning Association Journal* 6, no. 3 (June – July 1984): 26 – 67.

2. J. Underwood, "The Knee Is Not for Bending," *Sports Illustrated* 16 (1962): 50.

3. J. R. Pulskamp, "Ask the Doctor," *Strength and Health* (May 1964): 82.

4. B. J. Schoenfeld, "Squatting Kinematics and Kinetics and Their Application to Exercise Performance," *Journal of Strength and Conditioning Research* 24, no. 12 (2010): 3497 – 506.

5. G. Li, S. Zayontx, E. Most, L. E. DeFrante, J. F. Suggs, and H. E. Rubash, "Kinematics of the Knee at High Flexion Angles: An In Vitro Investigation," *Journal of Orthopedic Research* 27, no. 6 (2004): 699 – 706.

6. J. C. Gullett, M. D. Tillman, G. M. Gutierrez, and J. W. Chow, "A Biomechanical Comparison of Back and Front Squats in Healthy Trained Individuals," *Journal of Strength and Conditioning Research* 23, (2009): 284 – 92.

7. R. F. Escamilla, G. F. Fleisig, N. Zheng, J. E. Lander, S. W. Barrentine, et al., "Effects of Technique Variations on Knee Biomechanics during the Squat and Leg Press," *Medicine and Science in Sports Exercise* 33, no. 9 (2001): 1552 – 66.

8. E. Myers, "Effect of Selected Exercise Variables on Ligament Stability and Flexibility of the Knee," *Research Quarterly* 42, no. 4 (1971): 411 – 22.

9. M. E. Steiner, W. A. Grana, K. Chillag, and E. Schelberg-Karnes, "The Effect of Exercise on Anterior-Posterior Knee Laxity," *American Journal of Sports Medicine* 14, no. 1 (1986): 24 – 29.

10. T. Chandler, G. Wilson, and M. Stone, "The Effect of the Squat Exercise on Knee Stability," *Medicine and Science in Sports Exercise* 21, no. 3 (1989): 299 – 303.

11. B. Fitzgerald and G. R. McLatachie, "Degenerative Joint Disease in Weight-Lifters Fact or Fiction," *British Journal of Sports Medicine* 14, no. 2 & 3 (August 14, 1980): 97 – 101.

12. R. W. Earle and T. R. Baechle, *Essentials of Strength Training and Conditioning* (Champaign, IL: Human Kinetics, 2008), 250 – 351.

13. P. A. Swinton, R. Lloyd, J. W. L. Keogh, et al., "A Biomechanical Comparison of the Traditional Squat, Powerlifting Squat, and Box Squat," *Journal of Strength and Conditioning Research* 26, no. 7 (2012): 1805 – 16.

14. H. Hartman, K. Wirth, and M. Klusemann, "Analysis of the Load on the Knee Joint and Vertebral Column with Changes in Squatting Depth and Weight Load," *Sports Medicine* 43, no. 10 (2013): 993 – 1008.

15. M. Boyle, "Knees Over Toes?" accessed January 25, 2016, Strengthcoach.com.

16. D. R. Clark, M. I. Lambert, and A. M. Hunter, "Muscle Activation in the Loaded Free Barbell Squat: A Brief Review," *Journal of Strength and Conditioning Research* 26, no. 4 (2012): 1169 – 78.

17. G. R. Pereira, G. Leporace, D. D. V. Chagas, et al., "Influence of Hip External Rotation on Hip Adductor and Rectus Femoris Myoelectric Activity During a Dynamic Parallel Squat," *Journal of Strength and Conditioning Research* 24, no. 10 (2010): 2749 – 52.

18. W. F. Dostal, G. L. Soderberg, and J. G. Andrews, "Actions of Hip Muscles," *Physical Therapy Journal* 66, no. 3 (1986): 351 – 59.

19. G. Cook, L. Burton, K. Kiesel, G. Rose, and M. Bryant, *Movement: Functional Movement Systems. Screening Assessment Corrective Strategies* (Aptos, CA: On Target Publications, 2010).

사진 제공:

1. Compression Anterior View: AlilaMedicalMedia/Shutterstock.com
2. Compression Lateral View: AlilaMedicalMedia/Shutterstock.com
3. Shear Force: AlilaMedicalMedia/Shutterstock.com
4. Ligaments of Knee: Joshya/Shutterstock.com
5. Osteoarthritis: AlilaMedicalMedia/Shutterstock.com
6. Adductor Magnus: SebastianKaulitzki/Shutterstockc.com

Chapter 12

스쿼트의 과학적 분석

같은 무게인데도 어째서 프런트 스쿼트가 백스쿼트보다 어려울까? 정말 로우바 스쿼트를 하는 것이 하이바 스쿼트보다 무릎에 더 안전할까? 이것은 많은 사람들이 궁금해하는 질문이다. 여기에 대답하려면, 스쿼트라는 장막 뒤에 숨어 있는 움직임을 보아야 하고, 스쿼트의 과학적 원리를 이해해야 한다.

혹시 차를 좋아한다면 차의 엔진이 어떻게 작동하는지 궁금할 것이다. 그렇다면 분명 쉐보레 콜벳과 포드 머스탱의 차이를 설명하는 내용을 읽어보았을 것이다. 아마 V6 터보차저 엔진과 V8 기본 엔진의 마력과 토크가 어떻게 다른지도 이해하고 있을 것이다.

이번 장은 신체역학에 대한 입문 시간이다. 스쿼트 테크닉에 따른 토크 생성의 차이를 알아볼 것이고, 그것을 훈련에 어떻게 적용할 수 있을지 알아볼 것이다.

당부의 말: 이번 장은 조금 어려울 수도 있다. 그렇지만 다음의 개념들을 최대한 간단하게 설명할 수 있도록 최선을 다해보겠다. 스쿼트 생체역학개론 시간에 온 것을 환영한다.

스쿼트 생체역학

생체역학이란 것은 간단히 말하면 다양한 힘에 대해 이해하고, 그 힘들이 신체에 어떻게 영향을 주는지 연구하는 것이다. 생체역학은 움직이는 방식을 하나하나 쪼개어보는 것이다.

스포츠과학자들이 운동선수들을 분석할 때는, 선수들이 움직일 때 발생하는 다양한 힘들에 대해 연구한다. 이들이 연구하는 다양한 변수 중에 토크라는 것이 있다. 토크란 관절 주변에서 회전을 만들어내는 힘이다.

나는 토크가 무엇이고, 우리에게 어떻게 영향을 주는지 설명할 때, 내가 대학 물리학 수업에서 맨 처음 배웠던 간단한 묘사를 사용하는 것을 좋아한다. 많은 스트렝스 & 컨디셔닝 전문가들도 토크를 가르칠 때 이와 비슷한 예시를 사용한다. 특히 마크 리피토가『스타팅 스트렝스』에서 썼던 내용과, 앤드류 프라이 교수의 연구결과는 한 번쯤 읽어볼 만한 가치가 있는 그 대표적인

사례라 하겠다.[2,3]

　팔을 앞으로 뻗어 어깨 높이로 덤벨을 들어보자. 덤벨이 팔을 아래로 끌어내리는 게 느껴지는가? 이때 느껴지는 것이 중력의 힘이다. 중력은 언제나 수직 방향 아래로 잡아 내린다. 중력이 덤벨을 아래로 잡아당기면서, 어깨 관절에 회전력을 만들어낸다. 이 힘이 바로 토크다. 이 힘을 극복하고 덤벨이 아래로 떨어지는 것을 막기 위해서는 반드시 어깨의 근육들이 작동해야 한다.

회전력(토크)

중력이 아래쪽으로
잡아당긴다.

　어깨에서 발생하는 토크의 크기를 계산하기 위해, 몇 가지 사항을 알아야 한다. 먼저 덤벨을 들고 있는 팔의 길이를 알아야 한다. 회전이 발생하는 지점(이 경우 어깨가 되겠다)에서부터 관절에 작용하는 힘의 진행 방향(이 경우 아래로 당기는 중력) 사이의 거리를 레버 암이라고 부른다.

레버 암

레버 암을 볼트를 돌리는 렌치처럼 생각해도 좋다. 렌치를 아래로 잡아당기면, 볼트를 돌리는 회전력 토크가 발생한다.

다시 물리학 교실로 돌아가서 관절에 걸리는 회전력을 어떻게 계산할 수 있는지 알아보자. 간단한 방정식으로 나타내면 다음과 같다.

$$토크 = 모멘트\ 암 \times 힘$$

위의 방정식에서 레버 암이라는 말 대신에 모멘트 암이라는 단어가 보일 것이다. 모멘트 암이란 레버 암의 시작점(관절 축)에서 중력의 수직 힘vertical force까지의 수직 거리perpendicular distance를 뜻한다. 이것은 언제나 90도를 이룬다. 이 때문에 모멘트 암의 길이는 레버 암의 각도에 따라 달라진다.

예시에서 팔은 몸 앞쪽으로 곧게 뻗어 있다. 이 경우 팔은 이미 중력의 수직 힘 방향과 직각을 이루고 있다. 따라서 팔의 길이(레버 암)는 모멘트 암과 정확하게 똑같은 길이가 된다. 팔 길이가 75cm라고 가정하자. 대부분의 수학적 방정식들은 미국과 다르게 미터법을 사용한다.

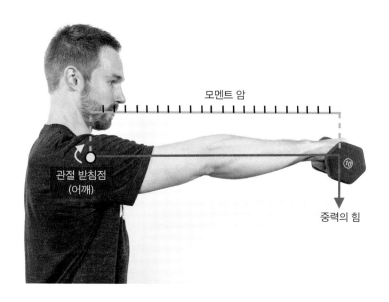

토크를 계산하려면 레버 암에 작용하고 있는 힘의 크기도 알아야 한다. 덤벨이 10파운드라고 가정하자. 이제 10파운드를 44.5N(뉴턴newtons, 힘의 단위)으로 변환하자. 44.5N이라는 숫자를 얻으려면, 10파운드를 4.54kg으로 변환해야 한다. 이 값에 9.8m/s²(표준중력가속도)을 곱하면, 44.5N이라는 값을 얻을 수 있다. 무게가 더 무거울수록 더 큰 힘이 된다.

어깨 관절의 토크를 계산하는 방정식은 다음과 같다.

$$토크 = 모멘트\ 암 \times 힘$$
$$= 0.75m \times 44.5N$$
$$= 33.4Nm의\ 회전력(돌림힘)이\ 어깨에\ 작용한다.$$

이는 팔을 앞으로 쭉 뻗은 채로 10파운드의 중량을 버티려면, 어깨의 근육들이 33.4Nm의 힘(대략 24.6피트파운드의 힘)을 내야 한다는 뜻이다.

이제 아마 이런 질문이 생각날 것이다. '만약 팔을 다른 각도로 들어 올리면 어떻게 되지?' 덤벨을 어깨 관절보다 더 높게 들어 올리면, 모멘트 암의 길이가 변한다. 왜냐하면 중력의 수직 힘 방향과 팔이 이루는 각도가 더 이상 수직 상태가 아니기 때문이다. 팔 길이(레버) 자체는 변하지 않았지만, 모멘트 암은 팔을 앞으로 쭉 뻗고 있었을 때보다 더 짧아진 것이다.

모멘트 암이 짧아지면 어깨 관절에 걸리는 토크에 변화가 생긴다. 팔을 130도로 들었다고 가정해보자. 새로운 모멘트 암의 길이를 모르기 때문에 이를 알아보기 위해서 삼각함수를 사용해야 한다. 어깨에 걸리는 토크를 구하는 식은 다음과 같다.

$$토크 = (모멘트\ 암 \times \sin@) \times (힘)$$
$$= (0.75m \times \sin 130°) \times (44.5N)$$
$$= 25.4Nm$$

팔을 더 높이 들면 모멘트 암은 더 짧아진다. 덤벨이 어깨 관절에 만들어내는 토크는 더 작아진다. 이것이 팔을 앞으로 쭉 뻗어서 덤벨을 들고 있는 것보다, 가슴 가까이에서 들고 있는 것이 더 쉬운 이유다.

이것을 이해하기 쉬운 또 다른 방법으로, 덤벨을 쥐고 천천히 펀치를 날려보는 것이 있다. 덤벨이 몸에서 멀어질수록 쉬워질까, 아니면 어려워질까? 당연하게도 덤벨이 몸 가까이 있을 때가 훨씬 들고 있기 쉽다! 이때의 모멘트 암(덤벨에서 어깨 관절까지의 거리)이 더 짧기 때문이다. 중량을 들어 올릴 때, 모멘트 암이 짧을수록 관절에 걸리는 토크는 더 작아진다.

스쿼트 분석 1.0

스쿼트를 분석할 때는 보통 세 군데를 확인한다.

1. 무릎 관절
2. 고관절
3. 등 하부

스쿼트를 할 때 위 관절들에 가해지는 각각의 힘을 계산하려면, 두 가지 사항을 알고 있어야 한다. 첫째로 관절의 위치나 각도이다. 토크를 계산하기 위해서 신체가 움직이는 순간의 정지 사진, 또는 스냅샷을 찍는다. 이렇게 하면 특정 시점에서 가해지는 토크의 크기를 계산할 수 있다. 이것을 정적 모델이라고 부른다.[2]

관절 토크값을 결정하는 데 있어 정적 모델이 완벽한 것은 아니지만, 대부분의 전문가들은 정적 모델의 결과물이 실제의 토크값과 10% 내외의 오차밖에 나지 않는다고 한다.[3]

스쿼트를 하다가 특정 위치에서 멈추면 관절의 각도를 측정할 수 있다. 등의 각도는 몸통과 바닥이 이루는 가상의 연결선으로 구한다. 고관절의 각도는 등과 허벅지가 이루는 각도로, 무릎의 각도는 허벅지와 하퇴부가 이루는 각도로 구한다.

팁: 무릎의 각도는 회전 지점(무릎 관절)에서 측정한다. 다리가 곧게 펴져 있으면, 무릎의 굴곡 각도는 0도이다. 스쿼트를 할 때처럼 무릎에서 굴곡이 일어나면 굴곡 각도는 커진다. 이 때문에 딥스쿼트에서의 무릎 각도는 60도보다 크다고 하지 않고, 120도보다 크다고 표현하는 것이다.

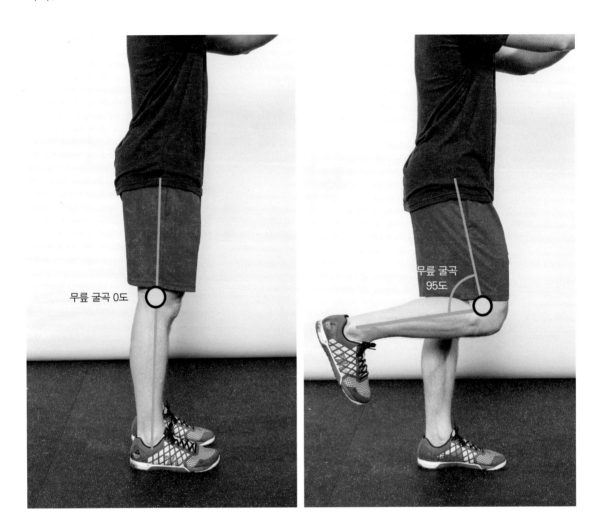

두 번째, 각각의 레버 암의 길이를 측정해야 한다. 이 길이는 사람마다 해부학적 구조와 어떤 스쿼트를 하느냐에 따라 다를 것이다.

덤벨을 사용했던 예시에서 그랬듯이, 스쿼트를 할 때도 중력은 바벨을 아래로 잡아당긴다. 일반적으로 중력은 바벨의 중심을 통과하는 수직선으로 표현한다. 이 수직선은 몸을 지나 허벅지를 나눈다.

스쿼트를 할 때 바벨은 발 가운데 위를 따라서 수직 궤적으로 움직여야 한다. 다음 사진의 가상의 선은 중력이 수직으로 당기는 힘을 표현한 것이다.

이 가상의 선에서 관절 중심점까지의 거리가 레버가 된다. 볼트를 돌리는 렌치의 경우처럼, 레버 암의 길이는 모멘트 암의 길이를 계산하는 데 사용할 수 있다.[1] 스쿼트 도중 관절에 가해지는 토크는 모멘트 암이 길어질수록 더 커진다.

보통 스포츠 과학자들은 패럴렐 스쿼트(고관절의 앞쪽에서 옷에 주름이 잡히는 부분이 무릎과 높이가 같은 위치) 자세에서 스쿼트를 분석한다.[2,4] 이 자세에서는 몸 앞으로 팔을 쭉 뻗은 채 덤벨을 들고 있었던 경우처럼, 레버 암과 모멘트 암의 길이가 똑같아진다.

하이바 스쿼트 분석(225파운드)

225파운드(102kg)로 하이바 스쿼트를 하려는 사람이 있다고 가정하자. 이 테크닉은 바벨을 어깨 꼭대기와 목뿌리 부근의 상부 승모근에 올려둔다. 하이바 스쿼트는 스내치와 클린 같은 경기용 리프팅 자세를 닮아 있기 때문에 주로 역도 선수들이 한다.

하이바 스쿼트의 패럴렐 자세에서 정지 사진을 찍어보자. 이때 무릎이 125도, 고관절은 55도를 이루었다고 하자. 등도 55도가 될 것이다. 허벅지가 땅과 평행한 자세를 가정하고 있으므로, 고관절과 등의 각도는 동일하다.

이 분석을 단순화하고 어려운 삼각함수를 쓰지 않기 위해, 이때의 모멘트 암을 측정할 것이다. 이 하이바 스쿼트에서 무릎의 모멘트 암 길이가 7.5인치(수학적 목적을 생각하면 0.19m)라고 하고, 고관절의 모멘트 암의 길이는 10.5인치(또는 0.27m)라고 하자. 모멘트 암의 길이는 관절에서 시작해 다리의 가운데를 지나가는 중력의 수직선까지의 수직거리라는 것을 기억하자. 다시 말해서 전체 허벅지의 길이는 18인치가 된다(고관절 레버 암+무릎 레버 암=전체 허벅지 길이).

이 분석의 목적을 고려할 때, 하부 등은 척추와 골반을 연결하는 선으로 나타낸다. 이러한 이유로 모멘트 암은 이 지점에서부터 중력의 수직선 사이를 잇는 거리가 된다. 이때의 회전축이 상대적으로 고관절에 가깝기 때문에, 등의 레버 암은 고관절의 레버 암의 길이와 일치할 것이다.[1]

이 계산을 하려면 얼마나 강한 힘이 아래로 끌어당기고 있는지를 알아야 하기 때문에 바벨의 무게를 구해야 한다. 225파운드의 무게는 1,000.85N 힘과 같다. 이제 이 숫자들을 방정식에 집어넣어 토크값을 구해보자.

토크 = 모멘트 암 × 힘
= 0.19m × 1,000.85N
= 190.2Nm의 돌림힘이 무릎 관절에 125도에서 작용한다.

토크 = 모멘트 암 × 힘
= 0.27m × 1,000.85N
= 270Nm의 돌림힘이 고관절과 요추/골반 복합체에 55도에서 작용한다.

로우바 스쿼트 분석(225파운드)

같은 사람이 똑같은 225파운드를 다른 방식으로 스쿼트하면 어떨까? 이번에는 이 사람이 로우바 스쿼트를 한다고 가정하자. 이때는 바벨이 하이바 스쿼트보다 2~3인치(약 5~7.5cm) 정도 더 내려간 위치에 있다. 바벨은 보통 날개뼈 중간 부분 위에 놓는다. 더 많은 무게를 들 수 있기 때문에 파워리프터들은 주로 이 방식을 사용한다.[5] 균형을 유지하기 위해(바벨이 미드풋 위에 있도록), 가슴은 반드시 앞쪽으로 더 많이 기울어져야 한다.[6]

이렇게 하면 신체의 역학적 레버에 두 가지 변화가 온다. 첫 번째로, 상체를 앞으로 기울이면서 엉덩이가 뒤로 밀려난다. 그 결과 고관절과 등의 모멘트 암이 길어진다. 또한 이때 무릎의 모멘트 암은 짧아진다.

하이바 스쿼트에서는 7.5인치(0.19m)였던 무릎의 모멘트 암을 이번에는 5.5인치(0.14m)라고 가정하자. 그러면 고관절의 모멘트 암은 기존의 10.5인치(0.27m)에서 12.5인치(0.32m)로 늘어난다.

패럴렐 포지션의 정지 사진에서, 이번에는 같은 사람이 조금 다른 자세를 취하고 있음을 확인할 수 있다.

- 무릎의 각도는 110도(하이바 스쿼트보다 더 크다거나 각이 더 크게 열려 있다고 표현)
- 고관절과 등의 각도는 40도(하이바 스쿼트보다 가슴이 더 기울어져 있어서, 더 작다거나 각이 닫혀 있다고 표현)

토크 = 모멘트 암 × 힘
   = 0.14m × 1,000.85N
   = 140.1Nm의 돌림힘이 무릎 관절에 110도에서 작용한다.

토크 = 모멘트 암 × 힘
   = 0.32m × 1,000.85N
   = 320.3Nm의 돌림힘이 고관절과 요추/골반 복합체에 40도에서 작용한다.

프런트 스쿼트 분석(225파운드)

이제 프런트 스쿼트로 넘어가보자. 프런트 스쿼트는 관절 부하가 이전의 두 스쿼트와 다르게 걸린다. 바벨을 가슴 위로 올리기 때문이다. 바벨을 미드풋 위에 유지하고 신체는 균형을 잡도록 하기 위해, 상체는 수직에 더 가까워져야 한다. 클린의 움직임을 닮아 있기 때문에 프런트 스쿼트는 역도 선수들이 자주 사용한다.

상체가 반드시 조금 더 곧게 서야 하기 때문에, 균형을 잡기 위해서 고관절과 무릎은 필연적으로 더 앞쪽으로 밀려나온다. 프런트 스쿼트를 하면서 엉덩이를 뒤쪽으로 너무 많이 밀어내면, 바벨은 가슴에서 바닥으로 굴러 떨어지게 될 것이다.

무릎 모멘트 암의 길이가 이번에는 8.5인치(0.22m)라고 가정하자. 하이바 스쿼트 때보다 더 길어졌다. 균형을 잡기 위해 무릎이 더 멀리 나가는 것은 프런트 스쿼트에서는 일반적인 변화다. 무릎의 모멘트 암이 길어지면, 고관절의 모멘트 암은 짧아지고, 이때 고관절 모멘트 암의 길이는 9.5인치(0.24m)가 된다.

프런트 스쿼트의 패럴렐 높이에서 정지 사진을 찍어보면, 다른 스쿼트와 비교했을 때 몇 가지 달라진 점을 확인할 수 있다(다음 페이지 그림 참조).

- 무릎의 각도는 130도(무릎이 더 많이 앞으로 나가 있기 때문에, 앞 두 종류의 백스쿼트와 비교했을 때 각도가 더 작다, 또는 닫혀 있다)
- 고관절과 등의 각도는 75도(가슴이 더 곧게 서 있기 때문에 백스쿼트와 비교했을 때, 각도가 더 크거나, 열려 있다)

토크 = 모멘트 암 × 힘
   = 0.22m × 1,000.85N
   = 220.2Nm의 돌림힘이 무릎 관절에 130도로 작용한다.

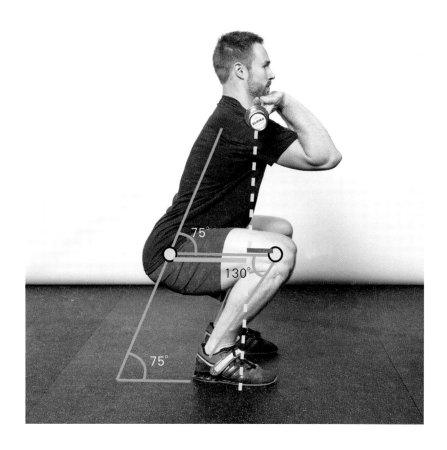

토크 = 모멘트 암 × 힘

    = 0.24m × 1,000.85N

    = 240.2Nm의 돌림힘이 고관절과 요추/골반 복합체에 75도로 작용한다.

비교 분석(225파운드)

이번 장에서는 같은 225파운드(102kg)를 세 가지의 스쿼트 방식으로 하는 경우를 알아보았다. 같은 깊이로 앉아 있을 때 세 가지 방식 모두의 토크를 계산해본 결과, 몇 가지 흥미로운 사실을 확인할 수 있었다.

- 무릎 관절에는 프런트 스쿼트가 220.2Nm로 가장 큰 토크를 가했고, 하이바 스쿼트가 190.2Nm로 그 뒤를 바짝 따라붙었으며, 로우바 스쿼트가 140.1Nm로 가장 토크값이 작았다. 다시 말해서 프런트 스쿼트는 무릎에 하이바 스쿼트보다는 약 15%, 로우바 스쿼트보다는 약 57% 더 많은 토크를 가했다.
- 프런트 스쿼트는 요추/골반 복합체에 240.2Nm의 힘을 가하며, 하이바 스쿼트의 270Nm, 로우바 스쿼트의 320.3Nm와 비교했을 때 등 하부에 가장 작은 토크를 가했다. 다시 말해서 프런트 스쿼트는 고관절에 하이바 스쿼트 대비 12%, 로우바 스쿼트 대비 25% 작은

토크를 가했다는 것이다.

만약 누군가 같은 무게를 세 가지 스쿼트 방식으로 한다면, 프런트 스쿼트가 제일 어려울 것이라고 가정할 수 있다. 위의 분석에 따르면 로우바 스쿼트가 225파운드를 들기에 가장 쉽고 효율적인 방법이라고 할 수 있다. 로우바 스쿼트가 역학적으로 가장 효율적인 테크닉이다. 이건 전부 레버리지의 문제다. 역학적으로 신체는 모멘트 암이 고관절에서 가장 길 때 더 무거운 스쿼트를 할 수 있다.[5]

많은 노련한 리프터들은 프런트 스쿼트와 비교했을 때, 백스쿼트로 더 많은 무게를 들 수 있다는 점에 동의할 것이다. 파워리프팅대회를 보더라도, 거의 대부분의 리프터들이 하이바 스쿼트가 아닌 로우바 스쿼트로 경기에 참여한다.

스쿼트 분석 2.0

이제 세 가지 스쿼트 테크닉에 대해 더 깊게 알아보고, 현실적으로 이 셋을 비교해보자. 이 장의 초반부에서는 레버의 당기는 힘이 변할 때 생기는 일에 대해 다루지 않았다. 토크는 모멘트 암의 길이를 다르게 해서 변하기도 하지만, 레버를 아래로 당기는 힘의 크기가 달라질 때도 변한다.

팔을 뻗어 10파운드 덤벨을 들고 있으면, 대략 44.5N 힘이 관절을 아래로 잡아당긴다. 이 값은 중력가속도가 중량에 작용하는 값을 나타낸다. 예시에서 이는 어깨 관절에 33.4Nm의 토크를 만들어냈다. 수식에 모멘트 암의 길이(0.75m, 또는 대략 13인치), 팔의 각도, 덤벨의 중량을 넣어 이 값을 도출했다.

어깨에 걸리는 토크의 계산식은 다음과 같다.

토크 = 모멘트 암 × 힘
= 0.75m × 44.5N
= 33.4Nm의 돌림힘이 어깨에 작용한다.

만일 똑같은 자세로 20파운드 덤벨을 사용했으면 어땠을까? 이 무게는 89N의 힘으로 변환되었을 것이다. 89N이라는 숫자를 끌어내기 위해서는 먼저 20파운드를 9.1kg으로 변환해야 한다. 여기에 표준중력가속도 $9.8m/s^2$을 곱하면 89N이라는 값이 나온다. 팔의 길이는 변하지 않았다고 가정하면, 새로운 토크값을 계산하는 수식은 다음과 같다.

토크 = 모멘트 암 × 힘
= 0.75m × 89N
= 66.75Nm의 돌림힘이 어깨에 작용한다.

이제 우리는 모멘트 암의 길이나 레버를 아래로 당기는 힘의 크기가 바뀜에 따라 토크값이 바뀔 수 있다는 것을 알고 있다. 이제 각각의 스쿼트에 조금 더 자연스러운 무게를 사용해서 분석해보자. 보수적인 추정치를 사용했을 때, 사람들은 로우바 스쿼트로 하이바 스쿼트 대비 15%가량을 더 들 수 있다. 이러한 이유로 대부분의 파워리프터들은 대회에서 로우바 스쿼트를 한다. 그리고 합리적 추측으로, 하이바 스쿼트는 프런트 스쿼트 대비 15%가량 더 들 수 있다고 할 수 있다.

만약 어떤 사람의 로우바 스쿼트의 1RM이 500파운드라고 하면, 이론적으로 이 사람은 하이바 스쿼트로는 435파운드, 프런트 스쿼트는 대략 378파운드까지 들 수 있을 것이다. 이제 바벨의 중량 변화가 다양한 관절 복합체에 가해지는 토크값에 어떤 변화를 가져오는지 알아보도록 하자.

로우바 스쿼트(500파운드)

만약 어떤 사람이 500파운드(약 225kg) 로우바 스쿼트를 한다고 가정하면, 2,224.11N만큼의 힘이 바벨을 아래로 잡아당기게 된다. 이것은 앞에서 보았던 225파운드(약 100kg) 바벨보다 훨씬 큰 값이다.

이 분석에서는 앞에서의 예시와 동일한 레버 암의 길이와 관절 위치를 사용할 것이다. 다시 한 번 패럴렐 포지션에서 정지 사진을 찍어보도록 하자.[4] 유일한 변화는 오로지 바벨의 무게뿐이다.

토크 = 모멘트 암 × 힘

    = 0.14m × 2,224.11N

    = 311.4Nm의 돌림힘이 무릎 관절에 110도로 작용한다.

토크 = 모멘트 암 × 힘

    = 0.32m × 2,224.11N

    = 711.7Nm의 돌림힘이 고관절과 요추/골반 복합체에 40도로 작용한다.

하이바 스쿼트 분석(435파운드)

이 사람이 하이바 스쿼트로 435파운드(약 190kg, 1,934.98N)를 들어 올린다고 해보자. 하이바 스쿼트는 무릎의 각도가 더 닫혀 있다. 로우바 스쿼트에서는 120도였지만, 이번에는 125도가 된다. 고관절의 각도는 55도로, 로우바 스쿼트의 40도보다 더 많이 열려 있다. 하이바 스쿼트는 상체가 더욱 곧게 서기 때문에 이는 자연스러운 변화라 하겠다.[4]

토크 = 모멘트 암 × 힘

    = 0.19m × 1,934.98N

    = 367.6Nm의 돌림힘이 무릎 관절에 125도로 작용한다.

토크 = 모멘트 암 × 힘

    = 0.27m × 1,934.98N

    = 522.4Nm의 돌림힘이 고관절과 요추/골반 복합체에 55도로 작용한다.

프런트 스쿼트 분석(378파운드)

마지막으로 같은 사람이 이번에는 378파운드(약 171kg, 1,681.43N)로 프런트 스쿼트를 한다고 가정하자. 패럴렐 스쿼트 정지 사진에서 관절의 각도는 앞에서 본 두 스쿼트와는 또 다를 것이다. 프런트 스쿼트는 무릎의 각도가 더 많이 닫혀서 130도를 이루고 있다. 바벨을 가슴 위에 올려 균형을 잡은 채로, 미드풋 위에 무게중심을 두기 위해 상체 각도는 더욱 곧게 설 것이다. 그 결과 고관절과 등 하부의 각도는 더 많이 열려서 75도가 된다.

토크 = 모멘트 암 × 힘

    = 0.22m × 1,681.43N

    = 369.9Nm의 돌림힘이 무릎 관절에 130도로 작용한다.

토크 = 모멘트 암 × 힘

    = 0.24m × 1,681.43N

    = 403.5Nm의 돌림힘이 고관절과 요추/골반 복합체에 75도로 작용한다.

비교 분석(스쿼트 방식에 따라 서로 다른 무게를 사용했을 때)

세 가지 스쿼트 모두 같은 무게를 사용했던 앞의 분석과 비교했을 때, 이번 분석에서는 놀라운 차이점을 발견할 수 있다.

- 로우바 스쿼트는 다른 스쿼트들에 비해 등 하부(요추/골반 복합체)와 고관절에 훨씬 더 큰 토크를 가했다. 패럴렐 깊이에서의 정지 사진 분석 결과, 로우바 스쿼트에서는 등 하부와 고관절에 711.7Nm의 힘이 가해졌다. 하이바 스쿼트에서는 522.4Nm, 프런트 스쿼트에서는 403.5Nm가 가해졌다. 로우바 스쿼트는 고관절과 등 하부에 하이바 스쿼트보다 36%, 프런트 스쿼트보다 76% 더 많은 토크를 가한다는 것이다.
- 로우바 스쿼트는 다른 방식들과 비교했을 때, 무릎 관절에는 가장 작은 토크를 가했다!
- 하이바 스쿼트는 프런트 스쿼트와 거의 비슷한 수준의 토크를 가했다. 프런트 스쿼트의 모멘트 암이 더 길고, 하이바 스쿼트가 더 닫힌 무릎 각도를 갖지만, 하이바 스쿼트의 더 무거운 중량이 무릎의 토크를 증가시켜, 결과적으로 두 스쿼트의 무릎 토크값을 비슷한 수준으로 만드는 것이다.

최종 의견

이 분석에서 볼 수 있듯이, 바벨의 무게 변화는 각각의 관절 복합체에 가해지는 토크값을 상당히 크게 변화시킨다. 아무리 작은 변수의 변화라도(바벨 무게, 스쿼트 방법 등) 신체에 가해지는 힘을 유의미하게 변화시킬 수 있다.

이러한 사실은 우리들이 코치로서 사람들을 지도할 때, 개개인의 필요에 기초한 운동 추천을 할 수 있도록 해준다. 예를 들어 무릎 부상에서 회복중인, 아직 바벨 스쿼트에서 무릎의 전방 이동을 견딜 수 없는 사람이 있다면 하이바 스쿼트보다 로우바 스쿼트를 하는 것이 낫다. 하이바 스쿼트는 무릎에 더 큰 토크가 걸리기 때문이다.

허리가 아픈 사람이라면 훈련할 때 일반적인 백스쿼트보다 프런트 스쿼트를 하는 것이 낫다. 적당한 무게를 사용한다면 허리에 걸리는 토크는 백스쿼트보다 프런트 스쿼트가 더 작기 때문이다. 다만 이것은 부상을 당한 사람이 프런트 스쿼트를 그럭저럭 괜찮은 테크닉으로 수행할 수 있을 때만 유효하다. 코어 컨트롤이 형편없다거나, 흉추 모빌리티에 제한이 있는 사람은 자세를 잡기가 어렵기 때문이다.

건강한 사람을 대상으로 하는 운동 추천은 단순히 한 관절에만 걸리는 부담만을 생각해서는 안 된다. 연구결과에 따르면 건강한 사람은 세 가지 스쿼트 방식 중 어느 것이든 거기서 발생하는 각종 힘들을 어렵지 않게 견뎌낼 수 있다.[7] 하이바 또는 로우바 스쿼트를 한다고 해서 무릎을 다칠 걱정은 하지 않아도 된다. 전방십자인대를 비롯한 무릎 내부의 인대들은 매우 안전하다. 테크닉만 제대로 되어 있다면, 관절에 걸리는 부담은 절대로 관절에 해로운 수준을 넘지 않는다.[7]

여러분은 과사용으로 인한 부상의 위험을 줄이고 조금 더 균형 잡힌 접근이 가능하도록, 다양한 종류의 스쿼트를 할 수 있는 훈련 프로그램을 구성해야 하겠다.

Notes

1. D. Diggin, C. O'Regan, N. Whelan, S. Daly, et al., "A Biomechanical Analysis of Front versus Back Squat: Injury Implications," *Portuguese Journal of Sport Sciences* 11, Suppl. 2 (2011): 643–46.

2. M. Rippetoe, *Starting Strength: Basic Barbell Training*, 3rd ed. (Wichita Falls, TX: The Aasgaard Company, 2011).

3. A. C. Fry, J. C. Smith, and B. K. Schilling, "Effect of Knee Position on Hip and Knee Torques during the Barbell Squat," *Journal of Strength and Conditioning Research* 17, no. 4 (2003): 629–33.

4. P. Wretenberg, Y. Feng, and U. P. Arborelius, "High- and Low-bar Squatting Techniques during Weight-training," *Medicine and Science in Sports and Exercise* 28, no. 2 (February 1996): 218–24.

5. P. O'Shea, "The Parallel Squat," *National Strength Conditioning Association Journal* 7 (1985): 4–6.

6. H. Hartmann, K. Wirth, and M. Klusemann, "Analysis of the Load on the Knee Joint and Vertebral Column with Changes in Squatting Depth and Weight Load," *Sports Medicine* 43, no. 10 (2013): 993–1008.

7. B. J. Schoenfeld, "Squatting Kinematics and Kinetics and Their Application to Exercise Performance," *Journal of Strength and Conditioning Research* 24, no. 12 (2010): 3497–506.

감사의 말

언젠가 횟대 꼭대기에 앉아 있는 거북이를 발견한 사람들의 이야기를 들은 적이 있다. 어떤 사람들은 이렇게 말했다. "저 거북이가 한 것 좀 봐! 전문 클라이머 정도는 돼야 저렇게 높이까지 갈 수 있을 텐데!"

이것은 분명 대단한 일이었지만, 작은 거북이가 진실로 이것을 혼자서 이루기란 불가능했을 것이다. 누군가는 거북이가 거기까지 갈 수 있도록 도와주어야 했을 것이다.

이 책은 지난 3년간의 끊임없는 저술과 편집 그리고 수정의 결과물이다. 그렇지만 주변의 수많은 사람들의 도움 없이는 세상에 나올 수 없었을 것이다.

다른 무엇보다도, 나의 아내 크리스틴에게 감사의 말을 전하고 싶다. 지난 몇 년간 끊임없는 조사와 집필 과정에도 묵묵히 참고 내 옆을 지켜주었다. 당신은 나의 천사다. 매일 나의 곁에 당신이 있어주어 고맙다는 말을 전한다.

공동 저자, 케빈 손타나 박사에게. 당신의 조언과 비전이 없었다면, 이 책은 500쪽이 넘는 과학 논문 아티클이 되었을 것이다. 내가 더 나은 작가가 될 수 있게 도와주어서 정말 고맙다.

나의 멘토, 트래비스 네프에게. 근면하고 독실한 당신 같은 분께 배울 수 있어서 영광이었다. '솔선수범하라'는 당신의 주문은 내가 Boost에서 일했던 첫날부터 나를 바꾸어놓았다. 이 책을 쓰고 펴내는 데 도움을 주어 감사드린다.

오래전부터 같이 해온 역도 코치, 안나 마틴, 톰 라퐁텐 박사, 그리고 알렉스 코흐 박사에게. 2005년부터 수없는 시간 동안 나를 코칭하고, 바벨 훈련에 대한 이해를 넓혀주어, 얼마나 고마운지 말로 표현할 수가 없다. 그리고 처음으로 내게 바벨을 잡게 했던 톰 섬너 코치에게. 2000년에 당신 훈련장으로 들어갔던 빼빼 마른 8학년(만 14세)이 어른이 돼서 스쿼트에 관한 책을 쓸 거라고 누가 과연 상상이나 할 수 있었을까?

Boost Physical Therapy & Sport Performance의 팀 동료들에게, 특히 타일러 앤더슨 박사, 라이언 루블, 데이빗 러쉬, 라이언 존슨, 카리사 파커, 에밀리 포스트에게. 나와 동일한 열정을 갖고 있는 여러분과 매일 함께 일할 수 있어서 나는 정말로 복 받은 사람이다!

내 친구들, 라이언 그라우트, 네이트 바렐, 그리고 케빈 스탁에게. 이 책을 완성하는 데 너희들의 조언과 지지는 정말이지 값진 것이었다. 인생의 가장 귀중한 선물 중 하나는 우정인데, 나는 참우정을 얻었다고 생각한다.

나의 부모님, 데이브와 질. 제 인생 전부를 통틀어 끊임없는 지지를 보내주셔서 감사드린다. 저 역시 언젠가 제 아이들에게 당신과 같은 부모가 될 수 있으면 한다.

트루먼주립대학과 미주리대학의 내 과거 은사님들께. 여러분께 받은 교육은 어디에도 뒤지지 않는 것이었다. 감사드린다.

지난 몇 년간 영감이 되었던 책들과 그 저자들께. 이 분들은 진실로 인생에 대한 나의 관점을 바꾸어놓았다. 그레이 쿡의 『움직임』, 켈리 스타렛 박사의 『비커밍 어 서플 레오파드』, 마크 리피토의 『스타팅 스트렝스』, 사이먼 사이넥의 『나는 왜 이 일을 하는가』, 대런 스기야마의 『The Icon Effect』, 게리 바이너척의 『크러쉬 잇! SNS로 열정을 돈으로 바꿔라』.

마지막으로, 매일 최선을 다해 살아가는 모든 사람들에게. '잘 움직여라. 그리고 나서 무겁게 들어라move well and then lift heavy'를 인생의 모토로 삼는 사람들이여. 우리 중 충분히 많은 숫자가 이 메시지를 깨닫고 세상에 전파한다면, 진정으로 세계를 바꿀 수 있을 것이다.

아론 씀

감수 및 역자에 대하여

감수 박현진

의사, 작가, 번역가, 트레이너. 서울대학교 국어국문학과와 한양대학교 의학과를 졸업하였다. NSCA-CSCS, ACSM/ACS-CET, ACSM-CPT, FMS level 1 등의 자격을 보유하고 있다.

에세이스트 신인상으로 등단하였으며, 클레사Klesa라는 필명으로『이것은 살기 위한 최소한의 운동이다』,『다시, 몸』,『공포 다이어트』등의 책을 썼다. 옮긴 책으로『스타팅 스트렝스: 바벨 훈련의 첫걸음』,『러닝 레볼루션』,『근육 운동 따라하기』,『코어 운동 따라하기』등이 있다.

역자 백재현

명덕외국어고등학교, 한양대학교를 졸업하고 현재 한양대학교 공과대학에서 근무하고 있다. 맛스타드림의 영향으로 운동을 시작하여, NSCA-CPT를 취득하였다. 또한 아시아 파워리프팅 챔피언 장주익 선생님께 사사하였다.

현재는 각종 컨텐츠 번역 및 해외 리프팅 과정을 공부하면서, 선수가 아닌 일반인의 올바른 운동법과 그 방향성에 대한 고민을 하고 있다. 그리고 칠순에 스쿼트 140kg을 들겠다는 소소한 꿈을 갖고 있다.

스쿼트 바이블
The Squat Bible

1판 1쇄 펴냄: 2021년 2월 8일

지은이: 아론 호식 박사, 케빈 손타나 박사, 트레비스 네프
감　수: 박현진
옮긴이: 백재현
펴낸이: 권오현
펴낸곳: 대성의학사

출판등록 2009년 6월 22일(제301-2013-095호)
서울특별시 중구 을지로 126-1 (을지로3가, 3층)
전화 02)2279-3444 / 팩스 02)2285-0108
Homepage www.medibook.co.kr

© 대성의학사, 2021

값 30,000원

ISBN 979-11-90868-10-5(13690)